# BIBLIOTHÈQUE SPÉCIALE DE LA JEUNESSE

APPROUVÉE

Par S. A. Em. Monseigneur le Cardinal

## PRINCE DE CROŸ,

ARCHEVÊQUE DE ROUEN, PRIMAT DE NORMANDIE, ETC.

Imprimerie de DELACOUR et MARCHAND Frères, rue de Sèvres, 94, à Vaugirard.
Dépôt à Paris, rue Saint-Jacques, 80.

# LES VOYAGES MODERNES

Racontés à la Jeunesse

par

Mad. Laure Bernard

D'après MM. Lamartine, Niebuhr,
Caillé, Spix & Martius, Basil Hall,
Burckhardt, Sir John Malcolm &c.

## Tom. 2

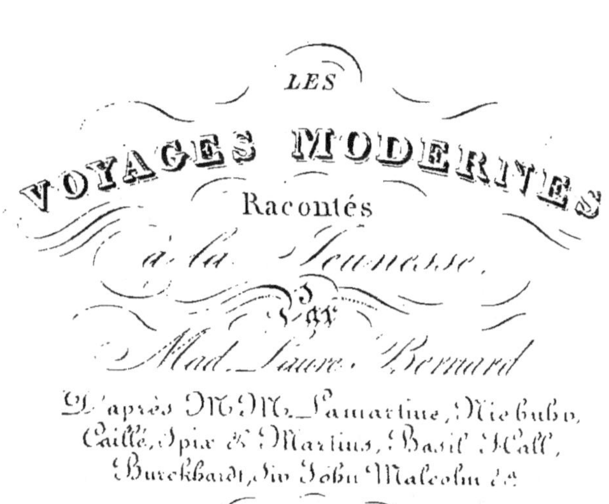

PARIS,
Librairie de l'Enfance & de la Jeunesse
LEHUBY
Rue de Seine, No. 53. F. S. G.
1844

# VOYAGES
## MODERNES.

## LE JAPON.

L'empire du Japon est formé de la réunion de plusieurs grandes îles et d'une multitude de petites, dont les unes appartiennent en toute propriété à l'empire et les autres en sont simplement tributaires.

Niphon, la plus considérable des îles japonaises, décrit du nord-ouest au sud-est un espace de trois cents lieues, et en a jusqu'à soixante de largeur dans les endroits où ses rivages s'espacent davantage. L'île de Matsmai (Kui-siu), une des nombreuses Kouriles, l'île de Sackalin (Sikokf) (1), les deux grandes îles de Kiosou et de Sikonsou, sont d'une bien moindre étendue. Les possessions japonaises sont entourées de l'océan Oriental en face de la Corée, de la Chine et de la Tartarie; elles en sont séparées par un large bras de mer

(1) Qui n'appartient à l'empire que dans sa partie méridionale. Pour l'orthographe des noms géographiques, nous suivons Golowin et Titsingh, qui ont donné la relation de leurs voyages au Japon.

H.

que l'on appelle mer du Japon, et qui, en se ré-
trécissant prend le nom de détroit de Corée.

La température est variable dans le Japon, et
les observations faites par différents voyageurs
démontrent que, dans les latitudes égales, le climat est plus rigoureux dans l'émisphère oriental
que dans le nôtre. Matsmai, situé dans le paral-
lèle de Livourne en Italie, de Bilbao en Espagne,
de Toulon en France, à ses étangs et ses marais
gelés pendant l'hiver. La neige recouvre les vallées et les plaines, et l'on a vu à Matsmai le ther-
momètre descendre jusqu'à quinze degrés au-dessous de zéro. En été, des pluies, des vents et des
brouillards, occasionnent encore des froids très-
sensibles. A Jedo, capitale de Niphon, la nuit, il
tombe souvent de la neige, et cependant cette
ville est située à la même distance du pôle que Ma-
laga. La mer qui baigne les rivages du Japon est
appelée la mer des brumes. En effet, de fréquents
brouillards ôtent aux raillons du soleil une partie
de leur intensité. Quand le vent descend avec im-
pétuosité des cimes gigantesques des montagnes
situées au nord des îles Niphon, Matsmai et Sackalin, il emprègne l'atmosphère d'un air glacial. Le
voisinage, bien que séparé par un bras de mer,
du pays des Mantchous et de la Tartarie, contrée
couverte de montagnes, de déserts et d'étangs,
exerce la même influence. Toutefois, malgré ces
causes, les productions de toutes les zones croissent dans les différentes îles du Japon. Ici les oran-

gers et les citronniers viennent en pleine terre ; là s'élèvent la vigne, le pêcher, le poirier et le pommier.

On a eu peu d'occasions d'observer le Japon à l'intérieur. Des lois sévères repoussent les étrangers de l'empire. Cependant quelques voyageurs hollandais ont donné des relations récentes de l'état de cet empire, et les missionnaires nous ont aussi laissé de curieux détails recueillis avant que la prohibition fermât les portes de l'empire aux nations européennes. Par une exception due à leur souplesse dans les rapports commerciaux, et la différence de religion qui occasionnait alors de sanglantes guerres entre les catholiques et les protestants, les Hollandais obtinrent de partager avec les Chinois le privilége de faire des échanges avec le Japon. C'est seulement dans le port de Naugasaki, situé au sud de l'empire, que les deux nations admises peuvent faire ces échanges; tout autre lieu leur est interdit. Dès l'arrivée des navires, des préposés viennent fixer le prix des marchandises, et les marchandises passent encore par leurs mains.

D'après la manière hautaine dont les empereurs japonais traitent les négociants chinois, et la déférence que les empereurs de la Chine ont au contraire pour les Japonais de la même classe, on est porté à croire que les traditions racontées par ces derniers ont quelque valeur. Les Japonais prétendent avoir vaincu tous leurs voisins dans des temps reculés, et particulièrement les Chinois. Ils disent que l'armée triomphante ramena dans l'empire de nombreuses colonies de captifs que l'on employa au travail de la terre. De là vient peut-être aussi que le nom de Chinois est l'épithète la plus injurieuse qu'un Japonais puisse adresser à l'homme qui l'a offensé. Aujourd'hui il ne reste plus aucune trace de l'humeur belliqueuse attribuée à la nation dans des temps reculés. Les habitudes pacifiques du gouvernement n'entretiennent pas de dispositions guerrières dans l'armée.

Il est interdit aux Japonais d'avoir des rapports avec les étrangers ; le gouvernement seul s'informe avec grand soin auprès des Hollandais des nouvelles de l'Europe ; mais la nation n'en apprend rien. Les souverains regardent cette ignorance comme salutaire au bonheur de leurs sujets.

Parmi les cultures du pays, celle du riz tient la première place et est l'objet du soin le plus général. On le sème partout où la température le permet. Chez les Japonais, le riz remplace le pain. On emploie ensuite la paille de cette céréale à fabriquer des nattes, des chapeaux, des souliers, des balais, des corbeilles, et même un papier particulier sur lequel on exécute de charmants dessins. Le riz fermenté produit une liqueur appelée sakki, dont la consommation est très-étendue. Fumer et prendre du thé sont les usages fondamentaux de la vie japonaise. Une interdiction religieuse proscrit l'usage de la viande ; mais peu de gens se soumettent à cette loi, et le plus grand nombre l'enfreint publiquement. Comme toutes les sectes ne défendent pas de manger la chair des animaux, l'exemple de la liberté qu'ont les uns rend l'obéissance plus difficile aux autres. Excepté aux prêtres, le poisson est généralement permis. La sobriété du peuple japonais est très-remarquable. On nourrirait pendant deux ou trois jours un homme avec la même quantité d'aliments que prend un Européen dans un seul repas. Si les Japonais aiment à boire, du moins ne s'enivrent-ils pas ostensiblement comme les gens du peuple chez les nations civilisées. C'est vers le soir, et dans une société choisie, qu'ils se livrent à leur goût dominant.

On élève les vers à soie avec tant de succès au Japon, que les étoffes de soieries s'y emploient avec profusion par les gens aisés. Les femmes en portent beaucoup, et, dans les jours de fêtes, les soldats sont revêtus de magnifiques uniformes où la soie se déploie en couleurs éclatantes. D'abondantes récoltes de coton fournissent à la fabrication des étoffes à l'usage des classes inférieures ; il s'en fait, dit-on, une consommation immense. Le chanvre sert encore à faire les cordages et les voiles des navires. Le lin n'est pas connu.

Au Japon, le cuivre est d'un usage plus général que le fer, qu'on ne se procure que par échange, tandis que les mines de cuivre donnent des produits considérables. Autrefois les Japonais vendaient ce métal aux Hollandais sans le dégager de l'or qu'il contient en assez grande quantité; mais, avertis de leur méprise, ils cessèrent aussitôt d'être dupes. Chez les gens les plus pauvres, les moindres ustensiles de ménage sont en cuivre et d'un travail fort remarquable. La proue des barques, les toits et les parois des maisons sont souvent recouverts de feuilles de cuivre. Ce métal est encore employé comme monnaie; un rouleau de ces pièces, trouées au milieu et passées dans un fil, s'échange contre les denrées de la moindre valeur. L'or et l'argent également tirés du sol national sont les seules monnaies frappées du pays. On emploie ces métaux à faire des vases précieux, des objets de parure pour les femmes, des ornements pour les palais et les temples. On incruste d'or et d'argent des meubles vernis, des coffres, des paravents, des poignées de sabre, et divers autres objets.

Le vernis du Japon, si réputé dans le commerce, découle d'un arbre; pour l'obtenir, il suffit de faire une incision dans l'écorce : c'est d'abord un poison subtil; exposé à l'action de l'air libre, il perd ses propriétés délétères et peut être employé sans danger. Ce vernis est d'abord bleu; mais il prend toutes les couleurs auxquelles on le mêle. La laque la plus solide et la plus brillante est rouge ou noire.

Une immense population surcharge le territoire Japonais; la guerre ni la peste n'y portent jamais leurs ravages. Évaluer le nombre des habitants de

l'empire n'est guère possible ; les habitudes noma
des d'une partie d'entre eux s'y opposent. Comment compter par tête des gens qui vivent en
plein air, dans les champs, dans les rues et dans
les bois ? Des Japonais prétendent qu'à Jédo, capitale de l'empire, dans l'île de Niphon, il n'y a pas
moins de dix millions d'individus.

Par excès de misère les gens pauvres noient
souvent leurs enfants ; des lois sévères pèsent sur
ce crime ; mais la politique s'oppose à ce que la
surveillance ou les poursuites s'exercent avec
efficacité.

Des traditions diverses divisent les Japonais sur
l'histoire de leur origine ; voici la version la plus
généralement adoptée : « en remontant à la plus
haute antiquité, la terre entière était couverte
d'eau ; elle demeura en cet état pendant une suite
innombrable d'années, sans que le Créateur tout-
puissant, que les Japonais nomment Tenko-Sama
( souverain du ciel ), daignât s'en occuper. Enfin
il permit à Kami, l'aîné de ses fils, de rendre la
terre féconde et de la peupler. Kami prit donc un
bâton d'une longueur extraordinaire pour sonder
la profondeur des eaux, et il les trouva moins basses, précisément à l'endroit où le Japon s'élève
aujourd'hui hors de la mer. En soulevant la terre
avec le même bâton, il forma l'île de Niphon, qu'il
enrichit de tous les dons naturels qu'elle possède
aujourd'hui ; puis, il créa la population qui s'est
perpétuée sur le sol japonais.

« Les autres enfants du dieu, ayant vu cela, en firent autant chacun de leur côté dans d'autres parties du monde. Quoiqu'ils parvinssent à créer des terres et des hommes, ils n'avaient pas toutes les qualités de leur aîné, et de là il résulte que les autres pays et leurs habitants ne présentent pas un degré de perfection égal au Japon et aux Japonais. Aussi méprisent-ils tous les autres habitants du globe et préfèrent-ils à toutes choses les productions de leur pays. Beaucoup de Japonais assurent qu'une partie du bâton qui fut employé par leur créateur pour tirer le Japon de la profondeur de l'abîme, a pris racine en terre, et qu'il forme un arbre toujours vert sur l'une des plus hautes montagnes de l'île de Niphon. »

En racontant cette fable aux étrangers, les savants laissent voir qu'ils n'y ajoutent pas, pour leur part, une grande foi.

Comme leur religion a des rapports intimes avec celle de Brama, ils expliquent ce fait par l'établissement d'une colonie d'Indous qui est venue s'établir parmi eux et y a fait dominer ses croyances (1).

« Les daïris, chefs spirituels du Japon, en furent les premiers souverains; ils conservèrent un pouvoir absolu jusqu'à la fin du douzième siècle, que Yori-Tomo fut élu commandant en chef de l'empire, et ensuite Zi-i-daï Djogoun, quelques années après.

(1) Voyage de Ricard.

» L'autorité des daïris, dès lors fortement ébranlée, s'affaiblit de plus en plus sous les djogouns,
successeurs de Yori-Tomo, et reçut un dernier
coup sous Yeye-Yasou ou Gongin-Sama, premier
djogoun de la dynastie actuelle (1).

» Cependant le pouvoir temporel et le pouvoir
spirituel se partagent encore en apparence l'autorité, et dans quelques cas le djogoun est obligé de
consulter les daïris, dont l'influence religieuse
pourrait encore lui être fatale, si des dissensions
ouvertes éclataient entre les deux empereurs.

» Le djogoun ou souverain séculier réside à
Jedo, et le daïri est fixé à Macao; dans ses rapports avec le chef de la religion, le djogoun témoigne le plus profond respect au daïri. Ils ont
rarement des entrevues personnelles, et un très-
grand nombre d'années se passent sans que le
djogoun se rende à Mécao; mais ils s'envoient
fréquemment des ambassadeurs, et le djogoun
échange de riches présents contre la bénédiction
du daïri. »

Le chef séculier possède tout le revenu de l'empire, a une nombreuse armée à lui, tandis que le
daïri jouit seulement de la principauté de Kiote,
où il n'entretient pas de troupes, le djogoun étant
tenu de pourvoir à la sûreté du chef spirituel,
traité qui, par le fait, laisse celui-ci dans la dépendance absolue de son collègue.

« Les deux souverains observent entre eux la

(1) Titsingh.

plus sévère étiquette; ainsi le daïri entretient constamment à la cour de Jedo quelques personnes chargées par lui de surveiller la conduite du djogoun, afin d'être à portée de le rappeler à ses devoirs, s'il vient à s'en écarter. Parmi ces personnes, il y a des dames d'honneur dont la mission est d'observer la manière dont le djogoun et l'impératrice vivent ensemble. Aucun autre homme que son royal époux n'est admis en présence de la femme légitime du djogoun. »

Nous avons dit que la religion dominante au Japon était venue de l'Indoustan; mais diverses autres doctrines d'une origine évidemment différente exercent un culte également autorisé.

Les sintos professent la religion des fondateurs de l'empire; des divinités particulières appelées Kamis, réputées les enfants du Créateur tout-puissant, sont adorées par les sectaires. D'anciens personnages distingués par une vie toute divine reçoivent aussi les hommages des sintos; c'est sous le nom de *Chadotschi* que s'élèvent les temples dédiés à ces demi-dieux.

Par une singularité fort bizarre, le daïri étend sa domination sur toutes les religions, et c'est lui qui décide s'il y a lieu ou non à canoniser la mémoire des candidats dont on lui soumet la vie. Ceux-ci doivent vivre dans une grande pureté de corps; le sang, le contact d'un cadavre les frappe d'interdiction dans le culte. Une des sectes de cette religion ne peut pas manger la chair des animaux terrestres, et doit vivre d'animaux marins et de poissons.

Les brames ou budsoïstes croient à la métempsycose et respectent la vie des animaux, qu'ils croient doués d'une âme qui peut être tour à tour emprisonnée dans une forme humaine ou dans le corps d'un animal. Des principes d'équité naturelle sont enseignés par les chefs de cette secte; mais en même temps une vie si rigoureuse est enjointe aux fidèles et aux prêtres, que tout le monde s'en affranchit, et de là vient que c'est parmi les budsoïstes que l'on compte un plus grand nombre de malhonnêtes gens.

C'est à la religion de Confoutzée (Confucius) que se rattachent la plus grande partie des savants et des philosophes japonais; ils professent pour le législateur chinois la plus profonde admiration.

« La quatrième religion est le sabéisme, ou adoration des corps célestes. On y rend les honneurs divins au soleil, à la lune, aux planètes et aux étoiles. Il n'est presque point d'astre qui n'ait une divinité particulière. On suppose à ces différents dieux et déesses des sympathies ou des antipathies entre eux. Ils s'unissent en mariage, ont toutes les faiblesses de l'humanité; mais ils sont immortels et peuvent revêtir la forme qui leur plaît. « Une secte de cette religion adore le feu et voit en lui une émanation du soleil considéré comme divinité.

Chacune des religions que nous venons de nommer se subdivise en une foule de sectes ; mais en général on n'est pas très-religieux au Japon ; chaque secte a ses saints personnages, et le reste s'affranchit volontiers des entraves prescrites.

En parlant des religions du Japon, le P. Charlevoix s'exprime ainsi : « Comme les sintoïstes se disent les seuls dépositaires de la tradition sur l'origine du Japon et sur la formation de l'homme, connaissances qu'ils ne communiquent aux initiés qu'après en avoir exigé un serment solennel de ne rien révéler, on les respecte comme les messagers de la Divinité ; on n'a pu encore trouver parmi eux d'indiscrets. »

Le gouvernement n'est point alarmé de cette exactitude à garder le silence, parce que les sintoïstes n'enseignent point une doctrine contraire au pouvoir souverain ; parce qu'ils ressortissent, ainsi que les autres, du tribunal séculier, dans tout ce qui n'est pas lié au dogme. D'ailleurs, la cour n'ignore pas le motif et l'objet de ce secret, qui sert plus efficacement la politique que la religion.

La secte des budsoïstes est la plus nombreuse et la plus puissante ; elle s'introduisit au Japon vers l'an 63 de l'ère chrétienne. Un certain Darma, prêtre indien, l'apporta de son pays ; il possédait toutes les qualités dont on a besoin pour séduire ou pour convaincre la multitude ; il avait un extérieur grave et austère, un goût décidé pour la contemplation, une bonne poitrine, beaucoup de constance, et surtout une aptitude inimitable à faire de faux miracles. Cette doctrine fut goûtée au Japon, et une partie des sintoïstes l'embrassa sans abandonner ses premières idées; mais les dévots les forcèrent bientôt à professer extérieurement leur religion singulière et par cela même chère au peuple.

Après divers autres détails sur les budsoïstes, Charlevoix ajoute :

« Les pèlerinages sont fort en usage parmi eux. Debry, dans ses Épîtres japonaises, en cite un dont *Purchas* assure l'authenticité, et que je range néanmoins parmi les fables. J'en dirai toutefois deux mots pour divertir le lecteur. Le pèlerin, arrivé au terme de ses voyages, se livre entre les mains de certains moines sauvages qui lui font observer le jeûne le plus rigoureux, le promènent de précipices en précipices et lui imposent des austérités d'un genre singulier et cruel. Si le pèlerin ose se plaindre ou omettre un seul article de la pénitence, ces impitoyables ermites le précipitent du haut d'un rocher. Il doit faire une confession générale et très-sincère de ses péchés, confession qu'on lui fait souvent répéter afin de s'assurer de la sincérité de ses aveux.

» On place le patient dans une balance suspendue à une longue barre de fer, dont les deux bassins sont immédiatement au-dessus d'un précipice affreux, de manière que si cet imbécile dévôt, placé dans un des bassins, manque à l'exactitude sur le narré de ses fautes, le moine qui tient le bout de la barre le soulève et lui donne une secousse qui le jette hors du bassin, et le fait rouler sur des pointes de rocher qui le brisent et souvent le tuent. Si la confession est telle que l'exige la curiosité monacale, on ramène le pénitent dans le monastère, où il est régalé de spectacles et de danses, mais bien entendu à ses dépens. On lui remet en main un certificat qui contient un pompeux éloge de l'efficacité du remède pour la rémission parfaite des péchés; quelque crime qu'il commette dans la suite, il est sûr de jouir du paradis. »

« Aucune loi, dit Golowin, ne punit le défaut d'accomplissement du précepte religieux; les prêtres eux-mêmes ne s'en occupent pas. Nous avons connu plusieurs Japonais qui se vantaient de ne jamais fréquenter les temples et qui tournaient en dérision les cérémonies de leur propre culte. Un grand nombre mangeaient publiquement de la viande, malgré l'interdiction qui leur en est faite. Un des employés du gouverneur de Matsmai aimait beaucoup à manger de la chair de chien accommodée à la manière du pays. Ce procédé consiste à plonger un jeune chien tout vivant dans l'eau bouillante, à en arracher les poils et à le servir ensuite sur la table sans autre préparation.

» Il est toutefois bien peu de Japonais exempts de préjugés; la plus grande partie de ce peuple est plongée dans une extrême bigoterie et dans une aveugle superstition. Ils croient à la magie, aiment beaucoup à s'entretenir de prodiges. Ils attribuent aux renards toute la malice que nous reconnaissons au démon et aux esprits impurs. Les paysans russes croient que le tonnerre est de pierre ; les Japonais disent que c'est un chat qui s'élance au milieu des éclairs.

» En Russie, parmi les hommes du peuple, on crache trois fois à terre en pensant à quelqu'un pour l'empêcher de devenir malade ; on ne présente jamais de sel à table à un convive sans avoir soin de prendre une figure riante ; à défaut de cette précaution, l'on craindrait d'avoir avec lui une querelle. Si les Japonais n'ont pas de ces idées ridicules, ni quelques autres du même genre, ils en ont qui les valent bien. Ainsi, personne n'oserait passer sur un pont nouvellement construit, avant qu'on l'ait fait traverser par le vieillard le plus ancien du canton ; sans cela on se croirait menacé d'une mort imminente. Cette cérémonie faite, la foule se présente sur le pont, afin d'en achever l'inauguration. On remarque dans ces circonstances toute la variété des costumes. Les militaires se distinguent par leur vêtement appelé kamisimo et par leurs deux sabres. On y voit quelquefois des femmes. Les personnes en deuil ont la tête et le visage recouverts par une espèce de corbeille. Enfin les marchands présentent aux amateurs, soit sur les étalages, soit dans des boîtes fermées, toutes sortes de denrées. »

Avec une poignée de pois chiches grillés qu'ils

jettent contre le mur pendant l'orage, les Japonais sont assurés que le tonnerre ne saurait tomber sur leur toit ni faire le moindre mal à ceux qui sont dans la maison.

Sur les chemins publics, chaque montagne, chaque colline, est consacrée à quelque divinité que les voyageurs sont tenus d'invoquer. Pour obvier au retard que causeraient les prières dans les chapelles, on place sur le chemin des cylindres que le voyageur fait tourner en lisant successivement les prières qui y sont inscrites.

Ce qui se passe dans les temples, aucun étranger n'a jamais pu le redire avec certitude, car les abords des lieux du culte lui sont interdits, et les Japonais de toutes classes gardent le plus profond silence lorsqu'on les interroge sur ce point.

Un large bassin en forme de bénitier est placé à la porte des temples, et les fidèles doivent s'y laver les doigts avant d'entrer. Des cierges brûlent devant les idoles; des fleurs naturelles ou artificielles sont offertes en sacrifice. Les fleurs artificielles sont faites avec de l'étoffe de soie ou du papier de couleur, selon la richesse ou la ferveur de celui qui donne. Ces bouquets sont attachés en guirlandes à la muraille du temple ou à l'image même du dieu. Les dévôts donnent en outre de l'argent, des fruits, et tout ce qui est à l'usage des desservants du temple. Des prêtres quêteurs parcourent aussi les villes et les villages en chantant des hymnes et récitant des prières qui sont payées en présents pour les dieux. Pour prier, les Japonais se tiennent à genoux, la tête basse, et ils frappent alternativement leurs mains l'une contre l'autre et les portent à leur front. Ils ne cessent de faire des révérences et prient à demi-voix.

Le daïri, que l'on nomme aussi Kin-Rei, est, comme nous l'avons dit, révéré de toutes les sectes. Il ne dispose pas seulement des places qui entraînent des fonctions spirituelles, il confère aussi aux fonctionnaires laïques la dignité de Kami, dont se font honneur les principaux personnages de l'empire.

Le daïri est invisible pour toutes les classes du peuple, à l'exception de sa cour et des ambassadeurs que lui envoie le monarque séculier. Une seule fois dans l'année, à l'époque d'une grande fête, il se promène dans une galerie fermée, tout le long de laquelle règnent des espèces de soupiraux. C'est par les ouvertures inférieures qu'il présente ses pieds à baiser ; mais on ne voit ni sa figure, ni le reste de sa personne.

Les habits qu'il porte sont de soie, mais seulement écrus, et ils doivent avoir été préparés par de jeunes filles sans tache.

On lui sert tous ses repas dans de la vaisselle neuve, qu'on brise chaque fois ; les Japonais ne croient pas permis à qui que ce soit de manger dans les vases qui lui ont servi ; si quelqu'un commettait ce crime exprès ou involontairement, il le paierait de sa vie.

Il y a plusieurs degrés dans le clergé japonais : les grands-prêtres, sortes de délégués du daïri, résident dans différents lieux, et celui qui est à Matsmai habite un palais entouré de petits édifices, et le jardin, fermé par une muraille en terre, donne à cette demeure l'aspect d'un château-fort. Les prêtres, en dehors de leurs attributions, sont soumis aux lois ordinaires du pays, et n'obéissent à leurs supérieurs qu'en ce qui concerne les matières de la religion.

Le Japon a été découvert par les Portugais vers le milieu du XVI<sup>e</sup> siècle; pour soumettre ce pays à leur domination, ils y envoyèrent des missionnaires et établirent des échanges commerciaux avec les insulaires. Une faveur miraculeuse propagea la nouvelle religion avec une incroyable rapidité dans toutes les parties de l'empire; mais l'ambition et l'avarice des conquérants européens arrêtèrent subitement ces progrès.

L'empereur Teigo, renommé pour sa sagesse, sa prévoyance et sa bravoure, régnait au Japon à la fin du XVI<sup>e</sup> siècle; il remarqua que les étrangers s'occupaient bien plus d'emporter l'or de son royaume, que de suivre les préceptes de la religion que leurs missionnaires prêchaient; il résolut aussitôt de rompre toute communication avec eux et d'extirper le christianisme de ses états. Le père Charlevoix affirme qu'un navigateur espagnol causa la disgrâce générale par une parole imprudente. Il parlait de son maître le roi d'Espagne, et faisait l'énumération de ses conquêtes dans le Nouveau-Monde. « Comment avez-vous fait? lui dirent les pacifiques Japonais, pour soumettre tant de pays? — Rien n'a été plus facile, reprit l'Espagnol; il nous a suffi de convertir les naturels à notre religion.

La version de Charlevoix n'est pas connue au Japon. On dit seulement que l'empereur, ayant découvert que la religion des étrangers leur servait de masque pour couvrir leurs vues ambitieuses, les chassa de ses états. Des édits sévères furent publiés contre les Japonais qui ne voulurent pas renoncer à la nouvelle foi. Les supplices les plus cruels frappèrent les rebelles, le sang humain coula en abondance. Il fut défendu aux indigènes de quitter leur patrie et d'avoir aucun commerce avec les étrangers. Ces mesures eurent le résultat que le souverain en attendait, et ses successeurs ayant suivi la même marche, il n'y avait plus personne au Japon qui osât se déclarer chrétien vers le milieu du xviie siècle.

Nous avons dit que les Hollandais obtinrent avec les Chinois le droit exclusif de commercer avec le Japon : les premiers durent leur faveur à la division religieuse qui existait entre eux et les catholiques; mais des restrictions humiliantes furent mises à la permission accordée.

Les Chinois et les Hollandais ne peuvent se montrer que dans le port de Nangasaki, où ils traitent de leurs échanges avec des préposés du gou-

vernement. Une surveillance minutieuse suit leurs
démarches et leur ôte toute liberté personnelle. Il
paraît cependant que les profits attachés aux échanges sont assez considérables pour que la question
de dignité nationale en soit tout-à-fait annulée.

Les Chinois apportent au Japon de la porcelaine, de l'ivoire brut ou travaillé, du nankin, du
sucre brut, la racine de ginseng si estimée en Chine,
des drogues médicinales, de l'alun, des éventails,
des pipes et différents autres petits articles.

Ils en tirent du cuivre rouge, de la laque, des
ouvrages vernis, des poissons séchés et salés, des
coquillages, le chou-marin, et quelques objets ma-
nufacturés.

Les Hollandais y apportent du sucre, des épiceries, de l'ivoire, des drogues médicinales, du
salpêtre, de l'alun, différentes sortes de couleurs,
des toiles, du verre, des montres, des miroirs, des
instruments de mathématiques et d'autres produits
de l'industrie européenne; ils ont aussi introduit
des voitures au Japon. Ce sont des carosses dorés
à panneaux ouverts comme ceux que l'on avait en
Europe au temps de Louis XIV. Les grands seigneurs emploient pour les traîner des buffles de
préférence aux chevaux, dont ils craignent le naturel fougueux. Cependant les Japonais montent à
cheval.

Les objets que les Hollandais exportent sont le
cuivre, la laque, le riz et quelques produits fabriqués,
comme des meubles vernis et de la porcelaine.

Il paraît que c'est aux îles de la Sonde et aux îles Moluques que les Hollandais revendent ces objets avec le plus d'avantage. Le commerce d'échange à l'intérieur est très-actif au Japon. La diversité des climats rend indispensable aux provinces et aux principautés de l'empire de trafiquer de leurs différents produits; aussi voit-on les rivières et les côtes couvertes de milliers de barques et de jonques destinées à importer et à exporter les denrées soumises à l'échange. La navigation maritime est très-limitée; mais la construction des jonques et des barques est si défectueuse, qu'il en périt un grand nombre tous les ans sur les côtes. Ces malheurs doivent être en partie attribués à l'habitude qu'ont les marins de ne jamais perdre la terre de vue; et l'on sait que la navigation est moins périlleuse en pleine mer que près des côtes.

Les hautes classes du Japon méprisent les commerçants, et ce n'est que par l'état militaire que l'on parvient à la noblesse. Cependant, là comme ailleurs, les grands seigneurs s'humanisent parfois auprès des négociants auxquels ils veulent emprunter de l'or.

Les anciens missionnaires ont dépeint les Japonais sous des couleurs si odieuses, qu'il n'est pas de peuple asiatique plus décrié en Europe. Cependant toutes les relations modernes démentent les accusations portées au XVIᵉ siècle. On dit maintenant, et cette opinion est basée sur des faits, que les Japonais sont un peuple spirituel, intelligent, dénué de cruauté, hospitalier, assez rusé, à la vérité, et très-disposé à faire toutes les concessions possibles à la paix, bien que l'héroïsme et le dévouement se montrent parfois chez eux avec une énergie surprenante. Avant d'en citer quelques traits, il nous reste encore à rendre compte de la législation et des faits de détail du genre de vie des Japonais.

Le pouvoir de l'empereur est un pouvoir absolu. Il peut disposer à son gré de la vie et des biens de ses sujets. Sous un tel gouvernement, les châtimens sont prompts, décisifs; mais la crainte des révoltes que la tyrannie pourrait soulever tempère l'abus de l'autorité souveraine.

Sensibles à la plus légère injure, qui ne peut s'effacer que par le sang, les Japonais sont portés à se conduire avec les plus grands égards dans leurs relations sociales. Chez eux, s'ôter la vie lors d'une disgrâce ou d'une humiliation est une pratique générale qui prévient la honte d'être punie par d'autres, et laisse au fils le droit de succéder à l'emploi de son père. Savoir *se couper le ventre* est d'une nécessité indispensable pour tous ceux qui aspirent par leur naissance ou par leur rang à des dignités. S'acquitter convenablement de ce devoir, quand l'occasion le réclame, est un point principal dans l'éducation de la jeunesse. Tout homme doit porter habituellement sur lui tous les instrumens nécessaires à cette cruelle opération.

Les querelles entre les gens d'un certain rang

se terminent par un duel à mort. Rendus sur le terrain, les champions se battent au sabre jusqu'à ce que l'un des deux tombe ; et le vainqueur, que la loi poursuivrait, n'a pas de meilleur parti à prendre que de se suicider ou se couper le ventre.

Dans un pays où parfois toute une famille est impliquée dans la malversation d'un seul de ses membres, et où la vie de chaque individu dépend souvent d'un moment d'erreur, cet attirail de suicide est de la dernière nécessité pour se soustraire à la honte, plus redoutée que la mort. Les détails des troubles permanents qu'offre leur histoire, et les récits des premières conquêtes des Hollandais dans l'Inde, fournissent les preuves les plus complètes du courage des Japonais. La loi qui leur interdit toute émigration, et qui ferme leur pays aux étrangers, a pu enlever son aliment à leur intrépidité, mais ne l'a point éteinte ; le moindre événement critique peut réveiller leurs sentiments belliqueux, qui s'accroîtraient avec le danger, et bientôt le citoyen deviendrait un héros.

A part les intrigues de cour et les revers de la faveur, le peuple japonais vit sous des lois assez douces, et surtout d'une rare simplicité. Les dispositions importantes de ces lois sont affichées dans les lieux les plus apparents des villes et des villages, et comme la lecture et l'écriture sont une instruction commune à tous, chacun peut s'instruire de ses devoirs de citoyen. Sur ces trois points vous ne trouvez aucun homme en défaut au Japon, où l'instruction élémentaire est générale. L'histoire du pays et des notions géographiques assez justes font partie de l'éducation nationale.

La retenue, la modération, sont communes à toutes les classes. Pour soutenir une discussion on emploie les formes oratoires les plus délicates, et souvent l'apologue prend la place de l'argumentation directe. La politesse n'a nulle part de formes plus recherchées qu'au Japon.

A l'agriculture et aux autres industries que nous avons déjà signalées, les Japonais joignent la fabrication des étoffes et les ouvrages en menuiserie et au tour, qui sont faits avec une habileté insurpassable; l'astronomie, les mathématiques, la chimie, la médecine, sont réservées à un petit nombre d'adeptes dont la science devient l'objet d'une haute vénération. Ils sont pour la peinture à peu de chose près aussi avancés que les Chinois; la gravure y est connue : mais aucun de ces arts ne s'enrichit des découvertes étrangères; aussi restent-ils dans l'enfance. Le Japon a ses poètes, et les représentations théâtrales sont très en faveur dans la nation. Ils sont grands amateurs de jardins, et tiennent leurs maisons avec un grand luxe de propreté. L'élégance n'en est point exclue; mais on ne fait point parade de ses richesses, et au lieu de distribuer dans les appartements les meubles et les vases précieux, on les tient renfermés dans un lieu construit à part du corps de logis, et où les intimes seuls sont admis. La fréquence des incendies, est dit-on, le motif de cet usage. Toutes les maisons sont en bois ; le lieu de resserre est maçonné, et distant du corps de logis de la famille.

Des cloisons mobiles servent à la distribution intérieure des maisons, en sorte qu'on peut étendre, rétrécir et multiplier à volonté les pièces que l'on habite. On entretient constamment des lampes allumées chez les riches : l'éclairage des pauvres est le blanc de baleine. On fait le feu dans de petits braseros de cuivre, l'usage des cheminées n'étant pas connu.

Le principal ameublement intérieur consiste à recouvrir les planches de nattes très-fines, sur lesquelles on étend des tapis ou des étoffes à l'endroit où l'on reçoit ses visites.

L'usage des bancs ou des chaises est inconnu, et l'on s'assied toujours à terre, les jambes repliées sous soi, à la manière orientale. Des vases d'une porcelaine commune, des théières pleines de thé, des peintures, des manuscrits d'un travail fort curieux, des armes et des armoiries, décorent les appartements intérieurs. On emploie pour tenture des papiers à fleurs d'or et d'argent ou des peintures reproduites sur le plafond. Dans la construction intérieure on reconnaît partout le soin de disposer des perspectives agréables pour les yeux, et du lieu où l'on se tient habituellement, on découvre toujours le jardin, accessoire indispensable d'une maison japonaise. Toute la construction est en bois, et à l'extérieur ce bois est recou-

vert d'une terre grasse enduite d'un vernis relevé
de peintures et de dorures, ou bien si le bois de
construction est précieux, on le laisse voir en le
couvrant simplement d'un vernis transparent. La
façade intérieure a toujours une galerie d'où l'on
descend au jardin. Il est rare qu'une maison ait
plus que le rez-de-chaussée, que l'on élève de
quelques pieds. Le palais de l'empereur à Jédo n'a
qu'un étage. Les tremblements de terre exigent
cette précaution; quand on l'enfreint, on surcharge
un peu la construction du second étage, et le
bâtiment résiste mieux aux secousses du terrain.
Les vitrages des fenêtres sont en papier, des volets
de bois ferment les appartements la nuit. Chez les
gens riches, l'appartement des hommes est séparé
de celui des femmes. Celles-ci, traitées avec beaucoup d'égards, ne doivent jamais sortir, et ne
voient que leurs proches parents. On les traite avec
beaucoup de distinction, et bien qu'il soit permis
aux Japonais d'avoir plusieurs femmes chez eux,
une seule d'entre celles qu'il choisit est reconnue
son épouse légitime. Il peut la répudier à volonté,
et sans en donner de motifs; mais lorsqu'un
homme a divorcé plusieurs fois, il ne trouve plus à
s'allier à des familles honorables. Au lieu de recevoir une dot, l'homme qui veut se marier achète
sa femme. Elle se paie selon sa beauté et la fortune
de son futur. — Cet usage offre des garanties contre le peu de solidité de l'engagement contracté. Il
est rare qu'une fille se marie avant l'âge de quinze

ans, quoique le développemeat physique soit très-précoce dans ce climat.

Un usage fort singulier règne aux noces japonaises. C'est alors qu'on enduit de couleur noire les dents de la jeune épouse; ses dents restent noires pendant tout le reste de sa vie. C'est à ce signe que l'on reconnaît les femmes mariées ou les veuves.

A la naissance de chaque enfant, on plante dans son jardin ou dans sa cour un certain arbre dont la croissance correspond au nombre d'années nécessaire pour qu'un homme soit adulte; lorsqu'il se marie l'arbre est abattu; on se sert du tronc et des branches pour fabriquer les coffres et les armoires destinés à contenir la garde-robe du nouveau marié.

Dans le norimon, sorte de kiosque orné de draperies, fermé par des jalousies et surmonté du phénix japonais, se tient la mariée, que personne ne peut voir. Ce norimon est élevé sur des brancards que soutiennent plusieurs hommes robustes. Derrière eux viennent, dans un autre norimon, les plus proches parents de la mariée.

.Plus les femmes sont élevées en rang, et plus leur clôture est rigoureuse. Les princes, les nobles et les riches habitants tiennent leurs femmes presque continuellement renfermées et n'admettent auprès d'elles aucun homme, si ce n'est les plus proches parents. Dans les classes inférieures, elles ont la faculté de voir des parents et des amis, et même de se montrer sans voile dans les rues et dans d'autres lieux publics; cependant, elles n'oseraient recevoir aucun homme en l'absence de leur mari.

En commençant le récit des cérémonies relatives aux mariages des différentes classes au Japon, Titsingh, ex-ambassadeur de Hollande en Chine, s'exprime en ces termes.

« Cet ouvrage, qui entre dans les plus minutieux détails (1), peut donner à penser que les Japonais noient les affaires majeures dans un océan de frivolités; mais il serait injuste de s'arrêter à cette idée sévère sur le compte d'un peuple qui égale en politesse les nations les plus distinguées de l'Europe.

» Chaque classe a ses usages particuliers pour ce qui tient aux cérémonies du mariage; nous donnerons un aperçu général des formes communes à toutes les situations.

» Un médiateur a conclu le mariage, il vient avec un messager porter les présents du père du fiancé aux parents de la jeune fiancée. Un catalogue de ces présents doit avoir été écrit sur un papier particulier avec l'encre d'usage en pareil cas. Le valet examine si ces formalités sont remplies avant de rien recevoir, il annonce ensuite à ses maîtres que

(1) M. Titsingh parle d'un ouvrage dont il donne une traduction. C'est un livre japonais, espèce de manuel, où sont décrites et représentées sur des gravures les cérémonies du mariage.

tout est dans l'ordre ; le médiateur s'avance et dit :
« N... est extrêmement flatté que M.... ait accordé
sa fille à son fils ; c'est pour cette raison qu'il lui
envoie ce présent comme une marque qu'il lui
souhaite une santé durable. »

» On traite les envoyés chacun selon leur rang,
et avant leur départ, le maître de la maison remet
au messager un récépissé de tous les présents apportés ; la note des présents finit par ces mots : Tout
a été reçu en bon état par M..., qui souhaite une
santé durable à N....

» Au bout de trois jours, le messager et tous
ceux qui.l'ont accompagné reçoivent un contre-
présent proportionné à ce qui a été offert. Le messager a ordinairement deux pièces d'argent, un
rouleau d'étoffes pour un manteau de cérémonie
et des mains de beau papier.

» Les médiateurs s'informent de la part de la
fiancée de la longueur des robes du futur et des armoiries qui doivent y être brodées.

» Le trousseau de la fiancée se fait chez les parents, et se compose en général de longues robes
de soie ouatées pour l'hiver, et de cinq habits pour
la cérémonie nuptiale : le premier à fond blanc
brodé d'or ou d'argent, les quatre autres à fond
rouge, noir, blanc et jaune. Les robes des femmes
de qualité sont d'étoffes précieuses à carreaux. Les
robes d'été sont en nombre considérable ; on y
ajoute des nattes, des couvertures, des gants, des
tapis, des rideaux de lits, des coiffes de soie, des

ceintures, des essuie-mains, une couverture pour
tapisser le fond de la chaise à porteur, et enfin un
sac contenant du son, du froment et des herbes
sèches, mélange dont on se sert pour nettoyer le
visage. Un portefeuille appelé santak contient un
sac de cure-dents, des tresses de cordon de papier,
pour attacher les cheveux, des médicaments et un
petit miroir.

» La fiancée reçoit aussi dans son trousseau un
assortiment de papier, une écritoire, des instruments de musique, des aiguilles, une composition
pour noircir les dents, car une fois mariées, elles
doivent, selon l'usage commun à presque toutes
les Asiatiques, couvrir soigneusement l'émail de
leurs dents.

» Un chat de papier, un petit sabre pour se défendre des esprits malins et des vapeurs malfai-
santes, une herbe desséchée que l'on appelle sang-
sue de roche, font encore une partie indispensable
des présents du fiancé.

» Le goût de la lecture est général aux femmes
japonaises; il leur faut donc aussi une bibliothèque
choisie par le mari. Parmi les ouvrages donnés, il
y a toujours un exemplaire d'un roman historique,
fait pour inspirer aux femmes un grand respect
pour leurs devoirs. Plusieurs des cadeaux adressés
à la mariée lui rappellent aussi qu'elle ne doit
point abandonner les travaux ordinaires de son
sexe, et que filer, coudre et broder, seront ses principales occupations.

» Lorsque tout est prêt chez les parents de la jeune fille, le médiateur et sa femme en sont prévenus. On choisit dans le calendrier un jour heureux pour transporter le trousseau à la maison du fiancé. Le catalogue en est dressé sur une feuille de papier plié en long, écrit seulement dans la partie supérieure, exposé sur un plateau de bois vernissé. Le médiateur est chargé de cette réception, ainsi que de celle des présents. La noce est célébrée le même jour.

» Une simple servante est députée vers la maison de la mariée. Alors, en signe d'adieux, les parents de la jeune fille rassemblent leurs proches et leurs amis et donnent un repas. Deux jeunes filles, destinées à figurer dans la cérémonie de la journée sous le nom de papillon mâle et de papillon femelle, versent le sakki au convives. Elles ont un costume particulier à leur rôle; et les vases qu'elles portent ont un papillon en papier sur l'anse. Leurs cheveux, relevés et attachés, forment, à partir du sommet de la tête, une queue plate comme en porte aussi la compagnie de la fiancée; leur robe est traînante par derrière, et elles la relèvent en marchant.

« La maison du fiancé est le théâtre des principaux préparatifs. On y dispose des tasses à thé, des cabarets vernis, tout ce qui est nécessaire pour fumer, des jattes, des théières, des chandelles posées sur deux sortes de flambeaux, les uns longs, les autres courts. Les personnes de la noce s'avancent dans l'ordre suivant : la femme du médiateur, la fiancée, le père de la mariée; le médiateur les précède toujours quelque temps d'avance.

« Si la fiancée porte une robe blanche, ce n'est pas, comme en Europe, comme symbole de pureté ; le blanc est la couleur du deuil au Japon, et la jeune fille donne à ses parents une marque du regret qu'elle a de les quitter en mettant un vêtement blanc.

« Le fiancé, en habit de cérémonie, va recevoir sa jeune épouse et appuie légèrement sa main gauche sur le bâton de devant de la chaise à porteur. La fiancée lui tend, par la petite fenêtre de devant, un sac contenant l'image de sa divinité favorite. Le marié prend cette idole et la remet à une femme qui la porte dans la salle du festin, pour la suspendre à un crochet.

« En avant de la fiancée, on porte une lanterne allumée; cette lumière permet au mari de voir pour la première fois son épouse. Si par hasard elle ne lui plaisait pas, les fiançailles seraient suspendues et la mariée retournerait chez elle. Il est rare que la chose tourne ainsi, dit un auteur japonais; de nos jours on estime moins la beauté que la fortune et la naissance, et ces dernières considérations ont été assez mûrement pesées, pour que l'époux ne soit pas rebuté par le peu d'attraits de sa future. On s'arrange d'ailleurs en secret pour que le marié ait vu la jeune fille, ou, du moins, les médiateurs rendent d'elle un compte assez fidèle pour que les fiançailles n'éprouvent pas d'obstacles. Dans les classes supérieures mêmes, la femme n'est jamais soumise à l'épreuve de la lanterne.

« Lorsque tout le monde se trouve réuni, dans la salle où se célèbre la noce, l'engagement entre l'époux et l'épouse se fait par des libations simulées répétées trois fois. Le festin suit cette cérémonie, à laquelle la religion n'a aucune part ; les mariages ne se font jamais par les prêtres au Japon. On range sur des tapis des plateaux surmontés de figures allégoriques, d'arbres et de fleurs comme les surtouts des tables européennes. Autour des plateaux on met le poisson, les légumes, du riz et des concombres confits, des gâteaux et diverses friandises. Indépendamment de ce service, chaque convive reçoit une écuelle couverte garnie de différents mets. Vient ensuite un grand plat de crèmes gelées avec des sels, des écuelles couvertes contenant de la soupe préparée avec de la chair de canard sauvage, des herbes dites sangsues de roche, des jaunes d'œufs, et enfin une assiette contenant de petites sardines et des lentilles marines.

« Des libations de sakki sont répétées à cinq reprises différentes. La préparation des hors-d'œuvre est assez curieuse : ce sont des homards, des crabes hachés et reproduisant les formes de ces crustacés ; du hachis de bécassine est aussi remis dans la forme de cet oiseau. On emploie dans les sauces le gingembre et les laitances de poissons.

« Le zinrak ou thé vert, broyé et arrosé d'eau

bouillante, est versé dans des tasses pendant tout le repas. La distribution du zinrak est confiée aux papillons, sous la direction du médiateur, qui fait l'office de maître des cérémonies, et indique avec un signe de son éventail à qui l'on doit passer à boire.

« Il se fait encore un échange de présents entre les deux mariés. La fiancée va revêtir dans son appartement deux robes, l'une à fond noir, l'autre à fond rouge, et brochées d'or et d'argent, que son époux lui a offertes.

« Toutes les cérémonies accomplies, la mariée reste dans la maison de son mari, et le cortége reprend sa marche après un échange de compliments pompeux entre l'époux et les parents de la jeune femme. Une suite de politesses, de visites cérémonieuses faites et reçues, de billets écrits sur divers papiers pliés dans des formes voulues, suivant le mariage. Les femmes emploient une écriture appelée Kana-Kata, qui leur est particulièrement réservée; elles ont aussi entre elles un style spécial, et il ne leur est pas permis de s'écarter, pour ces cérémonies, des formules consacrées. A ce propos, nous dirons que l'alphabet japonais se compose de quarante-huit lettres.

« Les robes qui composent le trousseau sont étalées sur des porte-manteaux, et offrent un coup d'œil magnifique par la richesse des étoffes et le bon goût des broderies. Les gens de qualité font ces robes avec l'étoffe précieuse nommée *Fisiaja*.

On en donne ordinairement douze, afin que l'on puisse en changer selon la saison. Ainsi, pendant le premier mois, la nouvelle épouse porte une robe bleue brodée de tiges de jasmins et de bambous.

» Le second mois, une robe vert de mer à fleurs de cerisier et à compartiments.

» Le rouge clair est la couleur du troisième mois; les ornements sont des branches de saule et de cerisier.

» La robe du quatrième mois est gris de perle; on y remarque un caractère hiéroglyphique qui, dans la langue écrite des Chinois et des Japonais, signifie un coucou, cet oiseau étant de bon augure chez les Japonais.

» Pendant le cinquième mois, la mariée porte une robe d'un jaune terne, brodée de feuilles d'iris et d'autres plantes aquatiques.

» Le sixième mois, elle est revêtue d'une robe orange clair, sur laquelle sont brodées des figures de melons d'eau. Ces dessins rappellent la saison des pluies, qui commence d'ordinaire dans le sixième mois de l'année.

» Le septième mois, la robe est blanche, mais à fleurs pourprées et en cloches. Ces fleurs ont une racine laiteuse très-usitée en médecine, et qu'on regarde comme un aussi bon stomachique que les nids d'hirondelle salangane, si recherchés des gourmets de l'Asie.

La robe du huitième mois est rouge et parsemée de feuilles de momisi ou prunellé.

» Le neuvième mois, la robe est violette et ornée des fleurs de la matricaire.

» Pour le dixième mois, la robe est olive. Elle représente des champs couverts d'épis, coupés et interrompus par des chemins ou des sentiers.

» Le onzième mois, la robe est noire et brodée de caractères qui signifient glaces et glaçons, par analogie avec les grands froids qui commencent en cette saison.

» Pour le douzième et dernier mois, la robe est pourpre et couverte de caractères qui signifient neige et autres mots analogues. »

Quand on veut peindre rapidement l'ensemble d'une civilisation, il faut dessiner d'abord l'espace d'un pays, ses ressources commerciales, ses coutumes, et ce qui tient aux lois, à la religion, aux mariages et aux funérailles. Cette dernière partie des mœurs japonaises a tant de rapports avec les mêmes cérémonies en Chine, que nous aurons peu de choses à en dire. L'achat d'une bière, sa décoration extérieure, occupent longtemps d'avance un Japonais ou plutôt ses héritiers naturels. Au lit de mort, on revêt le moribond de ses vêtements les plus riches, et ses dernières volontés, s'il a la force de les exprimer, sont recueillies avec un soin religieux et mises par écrit. On couvre le corps mort d'une dernière robe, dont les manches sont placées en bas et la bordure inférieure sur la tête. Le mort est entouré de paravents, afin que les chats ne l'approchent pas, ce qui le rappellerait instantanément à la vie; et apparemment on pense qu'il est mieux d'épargner au défunt une seconde agonie. Des visites de condoléance, des échanges de présents, un repas funèbre, sont d'un usage indispensable en pareil cas. Un cortége proportionné à la fortune et au rang du défunt le conduit à sa dernière demeure. Ceux qui ont perdu leurs proches portent un deuil fixé encore selon la hiérarchie sociale, deux ou trois jours pour les artisans, trente-cinq ou cinquante jours pour les hautes classes.

Ce deuil est un temps de reclusion absolue. On s'abstient encore, pendant sa durée, de viande, de poisson, de volaille, et de tout ce qui a vécu, pour ne manger que des végétaux et des fruits.

Avant de conduire le corps, on se rase la tête, on se coupe les ongles des pieds et des mains, ce qui ne doit plus se faire tant que durera le deuil. Après sa mort, chaque Japonais reçoit un nom qui résume glorieusement sa vie. « Dans le cortége » funèbre, on voit les fils du défunt la tête recou- » verte d'un chapeau à claire-voie fait de joncs, et » qui leur descend comme une corbeille de la tête » sur les épaules. Lorsqu'on est revêtu de ce cos- » tume lugubre, on ne doit saluer personne. Si le » gouverneur ou l'un des officiers de la ville venait » à se trouver sur la route au moment où passe le » convoi, on se retirerait de côté pour leur dérober » la vue de ce triste spectacle. » Le blanc est le signe du deuil au Japon; les fils du défunt, les

femmes qui assistent à l'enterrement, et les porteurs du *quon* ou de la bière, sont revêtus d'habillements de cette couleur.

Aux funérailles, la religion reprend ses droits
négligés pour les mariages, et le corps du défunt
est porté dans le temple et offert aux prières des
prêtres; puis le *quon* est déposé dans le cimetière,
où il reste à découvert, sous la garde de valets,
pendant cinquante jours; au bout de ce temps, on
met le corps en terre. Sur une petite planche
carrée appelée *ifay*, un prêtre inscrit au temple les
noms et qualités du défunt; cet ifay est rapporté
dans sa maison et placé dans le plus bel appartement; on met devant des sucreries, des fruits, du
thé, et on lui offre à plusieurs reprises, dans le
jour, des aliments. Des lampes brûlent jour et nuit
devant l'ifay pendant cinquante jours, et chaque
soir l'une veille jusqu'au lendemain le simulacre
du mort. Le fils aîné ne sort pendant le même
temps que pour aller au temple; il s'y rend chaque
jour avec le même costume qu'il portait à l'enterrement. Tous ses devoirs accomplis, le corps définitivement inhumé, le tombeau élevé, et les sept
semaines terminées, l'héritier du défunt reprend
ses vêtements ordinaires, se rase, ouvre sa porte
et va prévenir le gouvernement que son deuil
est terminé.

Chaque maison a son petit temple où l'on resserre avec soin un ifay neuf en l'honneur du défunt. Une lampe brûle perpétuellement en ce lieu,

et tous les ans une fête solennelle se fait dans la famille en l'honneur du mort. Il ne se passe rien d'intéressant dans la famille sans qu'on s'instruise sur les ifays, et les plus grands malheurs seraient attachés à la perte ou à la profanation de ces reliques. Le respect pour les morts est un sentiment commun à toute la nation, et, pour les pratiques qui s'y rattachent, rien ne fait plus d'honneur aux Japonais, que ce respect pour leurs ancêtres.

Rendu aux habitudes de sa vie journalière, le fils aîné va faire des visites de remerciements à ceux qui ont assisté aux funérailles, ou qui sont allés prier auprès du *quon* pendant son exposition; il leur envoie aussi à chacun une petite caisse de riz étuvé, propre à faire des gâteaux.

Quelquefois on brûle les corps morts avant de les enterrer; c'est ordinairement la volonté du moribond qui détermine le mode de son inhumation.

Après avoir quitté les vêtements blancs, les proches parents du défunt ne portent ni couleur éclatante, ni ornements pendant treize mois. L'entrée du temple leur est interdite pendant le même temps.

Le costume japonais se rapproche de l'habillement chinois, mais n'est pas tout-à-fait semblable. Les hommes se rasent les cheveux en haut de la tête, mais ils laissent de longues mèches sur les tempes et sur la nuque, et les relèvent avec un mince ruban blanc. Les médecins et les prêtres sont tout-à-fait chauves; le chirurgien, au contraire, laisse pousser tous ses cheveux à la longueur de quelques lignes. Pour donner aux mèches japonaises la direction convenable, il faut y passer un temps très-long et employer le vernis à la pommade. Les femmes portent des fleurs, des rubans et de longues épingles d'or et d'argent dans leur coiffure en cheveux.

De longues robes appelées *chiramono* sont le vêtement ordinaire du Japonais : on en porte jusqu'à six les unes par-dessus les autres; les manches de chiramono sont très-larges et servent de poches.

Par vanité, dit-on, les femmes ont quelquefois vingt tuniques sur elles. Le *chauri*, robe plus ample que les autres, recouvre ces premiers vêtements, lorsque l'on va faire des visites. Sur ce par-dessus s'étalent en broderies les armoiries de la famille, répétées sur la poitrine et sur les manches, tandis que le chiramono est destitué d'un tel ornement. Les pantalons des hommes ressemblent à ceux des Turcs et à des jupons fermés, et repliés près des genoux; on porte ce vêtement en très-belle soie de toutes couleurs; l'ajustement supérieur est toujours noir. Comme il est d'usage de laisser sa chaussure à la porte partout où l'on entre, les souliers sont faits de la manière la plus simple : ce sont des sandales en paille très-bien travaillée pour les gens riches, et commune pour les gens du peuple. Dans les temps de pluies, on porte des chaussures de la même forme, mais en bois et garnies de patins ; les voyageurs assujétissent leur chaussure avec des courroies en paille ou en peau de chamois.

La paix maintenue depuis plus de deux siècles, la fertilité du sol, feraient du Japon une terre privilégiée, si de fréquents incendies et un fléau mille fois plus terrible ne menaçaient incessamment la population : nous voulons parler des tremblements de terre. C'est en 1793 qu'a eu lieu la commotion la plus violente dont on ait gardé la mémoire. Toute l'île de Kiou-siou en ressentit les effets.

La seule corporation des aveugles peut donner une idée de la multiplicité des habitants de cette capitale. Les aveugles du royaume sont réunis en une seule confrérie qui a trente-six mille de ses membres en résidence à Jédo. Une tradition attache un certain honneur à faire partie de l'association des aveugles. On rapporte qu'un guerrier japonais, fait prisonnier par le vainqueur et le meurtrier de son prince légitime, reçut de lui l'ordre de reprendre rang parmi l'armée triomphante. En sujet fidèle, Yuomo-Kackiyo refusa de se soumettre. « Mes yeux, dit-il à l'usurpateur, ne pourraient s'accoutumer à contempler patiemment l'assassin du maître qu'ils ont perdu. » Sans attendre le châtiment qui devait suivre ces paroles, le guerrier arracha ses yeux et les jeta aux pieds du nouveau souverain. Etonné de ce langage et

de cette action, le monarque laissa partir Yuomo,
qui fonda la confrérie des aveugles appelés Tékis.

## MOEURS JAVANAISES.

Contrairement à leur réputation, les Javanais
sont assez doux dans leurs habitudes ; leur taille est
médiocre ; ils sont basanés et ont les cheveux longs.
Sans l'aplatissement du nez, ils pourraient passer
pour avoir des traits réguliers. Ils sont bons, fidèles
à leurs engagements, crédules comme tous les
peuples ignorants, indolents, épris du merveilleux,
ne cherchant pas à sortir de la pauvreté ; conser-
vant un long respect à leurs parents ; aimant leurs
enfants et ne travaillant qu'autant que cela est
indispensable pour remplir les besoins de première
nécessité.

Ils sont logés sous des cabanes de bambous, couvertes de feuilles de palmier, et divisées en deux
pièces, l'une où couche toute la famille, l'autre
pour le ménage. Les femmes portent pour tout
vêtement une camisole et une pièce d'étoffe serrée
autour des reins et descendant jusqu'aux chevilles ;
les hommes sont moins habillés encore. Vivant de
riz et d'ignames, de buffle fumé et de poisson séché,
les exigences satisfaites, il ne peut manquer de

rester aux Javanais un temps considérable pour fumer l'opium et mâcher le seri.

Quelques ouvriers travaillent grossièrement les métaux, les femmes filent le coton et fabriquent la toile des vêtements ; là s'arrête l'industrie des Javanais. Ordinairement ils restent peu dans leurs demeures pendant la journée, et les réunions de familles se tiennent sous des galeries fermées appelées pangons. Les femmes vivent entre elles, peuvent se rendre des visites ; mais elles ne voient pas d'autres hommes que leurs plus proches parents.

A certaines fêtes, il s'exécute des danses dans les rues ; mais les femmes qui y prennent une part active ne sont pas considérées. Les combats de coqs sont encore la passion des Javanais. Non contents d'exciter l'animosité naturelle de ces animaux, et de les livrer à leur instinct batailleur, on arme encore leurs éperons d'un fer aigu qui devient l'instrument d'une lutte mortelle. Un coq habitué à triompher dans ces combats est d'un prix inestimable dans le pays. On n'entend jamais les Javanais se quereller ; cependant ils se battent souvent pour le seul plaisir d'essayer leur patience mutuelle. Dans un jeu appelé anclon, deux hommes échangent froidement des coups assez violents pour faire couler le sang ; ils frappent tour-à-tour l'un sur l'autre jusqu'à ce que l'un des deux se déclare vaincu par la douleur. Il faut souvent séparer les combattants pour sauver un reste de vie aux champions couverts de contusions, et cependant encore pleins de courage pour souffrir.

Les chefs et les grands ont aussi leurs amusements privés. Ils nourrissent des tigres pour donner des combats d'un autre genre dans l'enceinte de leurs palais. Cela se passe ordinairement dans les cours, afin que les femmes puissent en être spectatrices.

Un buffle est ordinairement l'adversaire choisi pour le tigre. On les met en présence dans un champ clos, fermé par des pièces de bois très-serrées; de petits aiguillons jetés tour à tour sur les deux combattants servent à exciter leur fureur; autrement chacun reste, le tigre acculé dans un coin, et le buffle immobile en face de lui, présentant ses cornes à son adversaire. Souvent il faut encore s'aider de pièces d'artifice et de décharges d'armes à feu pour les faire sortir de ces positions respectives. Quand on oppose des hommes au tigre, c'est tantôt un spectacle, tantôt un supplice. S'il s'agit d'un amusement, on lâche le tigre au milieu d'un bâtiment carré, cerné d'un triple rang d'hommes armés de longues piques. Dès que l'animal est en liberté, son premier mouvement est de fuir, mais la fatale barrière qu'on lui oppose ne présente que des pointes hérissées; il s'agite en tous sens, revient sur ses pas, hésite, puis s'élance enfin pour franchir les rangs, et tombe percé de mille coups. Si par hasard les soldats mal assurés contre un pareil adversaire ont desserré les rangs,

le tigre s'échappe; alors son instinct le porte iné-
vitablement à s'aller cacher dans le premier endroit
obscur qu'il rencontre, et là on l'atteint facilement.
Tant que le tigre se sent poursuivi, il n'attaque
rien sur sa route, et se détournerait alors de son
chemin pour échapper à un enfant.

Condamné à mort par le sultan et pour crime
de l'èse-majesté (un simple vol dans le palais du
sultan constitue le délit), le criminel doit jouer sa
vie contre un tigre, sur la place publique, dans un
enclos de vingt pieds de diamètre, préparé pour
cet usage. Les poutres de bois, qui sont assez dis-
tantes pour qu'on puisse voir ce qui se passe à l'intérieur, ne laissent cependant ni à l'homme ni au
tigre la faculté de se sauver. Le criminel n'a pour
défense qu'une simple jaquette, vêtement habituel
des hommes du peuple; le haut du corps et les
jambes sont entièrement nus. Il tient de la main
droite un poignard auquel on a souvent adapté
une lame innoffensive, l'autre main est armée
d'un bâton de bois garni de pommeaux aux deux
extrémités. Cette arme lui sert à plonger son bras
dans la gueule du tigre, qui ne peut plus alors se
servir de ses dents contre lui. Muni d'un bon poignard, le coupable aurait encore quelques chances
de salut; mais même après avoir frappé, s'il est
atteint par les griffes du tigre, il roule avec lui dans
l'arène et meurt déchiré aux acclamations des spectateurs.

Le malheureux que l'on conduit à un pareil

supplice a des devoirs de cérémonial à remplir. Il
entre le premier dans l'enceinte, la tête couronnée
de fleurs, salue d'abord le sultan à la manière du
pays, en portant les deux mains à la tête et en s'inclinant ensuite; puis il exécute une danse grave
en usage parmi les Javanais lorsqu'ils se préparent
au combat. La danse terminée, on donne le fatal
signal, et l'homme se met en devoir d'attendre son
adversaire de pied ferme; il présente le bras gauche en avant et tient l'autre prêt à frapper. L'animal s'obstine parfois à ne pas sortir de sa cage,
dont l'ouverture est adaptée au passage pratiqué
pour lui dans la palissade. On introduit alors du
feu près de lui; la brûlure le rend furieux; il sort
la gueule béante, les yeux étincelants, et se jette sur
l'adversaire qui l'attend. C'est alors que le poignard décide la question; mais, quelle que soit la
force du condamné, il échappe rarement aux griffes du tigre. On a même vu le sultan ordonner
qu'une seconde épreuve remît en question le sort
du coupable, si la victoire était restée à l'homme
qu'il avait résolu de perdre; épuisé par le combat
qu'il vient de soutenir, le malheureux champion
succombe à l'apparition du second tigre, qui le met
en pièces sur-le-champ.

Quant au gracié après la victoire, quel qu'ait
été son délit, il sort tellement honoré de son triom-
phe, que c'est pour lui un titre à l'admiration de
tous, de montrer les cicatrices d'un tel combat.

« Un des plaisirs des chefs javanais, c'est l'exer-

» cice de la chasse. On ne va point attaquer le gi-
» bier au hasard; des hommes sont envoyés d'a-
» vance dans une vallée choisie, et la ferment or-
» dinairement des deux côtés, d'une palissade de
» bambous tressés, de manière que cette clôture,
» qui a quelquefois une demi-lieue de long, se
» rapproche insensiblement vers les extrémités
» comme les deux branches d'un V. L'endroit le
» plus resserré de la clôture, se termine par une
» trouée garnie de feuillages qui donne sur un fossé
» profond. Le but de la chasse est de forcer le gi-
» bier à se précipiter en cet endroit. Au jour indi-
» qué, on rassemble du monde, souvent sept à huit
» cents hommes; on les fait entrer dans les bois
» par deux côtés opposés; ils se rapprochent peu
» à peu, en faisant beaucoup de bruit; le gibier
» effrayé cherche à fuir du côté opposé et prend
» la route de la vallée, ou plutôt du grogol, car
» c'est ainsi qu'on appelle l'enclos. Le bruit se
» rapproche toujours, le gibier cherche en vain
» une issue; il faut aller jusqu'à l'endroit où le
» piége est tendu, et en effet, il sort bientôt en
» foule et tombe pêle-mêle par le fossé. J'ai vu
» prendre ainsi onze cerfs, cinq chevreuils, trente-
» cinq cochons sauvages, et une panthère qui par-
» vint à s'échapper par-dessus la palissade. On tua
» tous ces animaux, à l'exception des chevreuils,
» qui furent réservés pour mettre dans un parc.
» Les cerfs furent dévorés presque sur-le-champ
» par les gens de la suite. On enterra les cochons,

» que les lois de Mahomet défendent de manger..
» Aussi n'est-ce que par accident qu'on chasse ces
» animaux, et si quelque jour on parvient à dé-
» truire les tigres du pays, les cochons sauvages,
» délivrés de leur plus cruel ennemi, dévasteront
» bientôt toute l'île. Dans la partie indépendante
» de Java, les chefs se plaisent encore à courir le
» cerf. On prend pour ce temps le moment de la
» sécheresse, où toutes les grandes herbes qui
» obstruent les plaines sont brûlées, suivant l'u-
» sage annuel, pour en écarter les tigres; les chas-
» seurs sont à cheval sans selle, armés d'un cou-
» teau fait exprès, avec lequel ils doivent couper
» la jambe du cerf quand ils peuvent l'atteindre.
» D'abord les spectateurs de la poursuite com-
» mune, les chefs ne prennent part à la chasse que
» lorsque le gibier est fatigué; la prestesse de leurs
» chevaux, plutôt que la déférence des autres chas-
» seurs, leur laisse presque toujours l'honneur
» d'abattre le cerf.
    » On est plutôt dans l'usage de tendre des piéges
» au tigre, que de le poursuivre avec des armes à
» feu; mais si le tigre a quitté ses bois pour venir
» ravager les fermes, enlever les chèvres, les mou-
» tons, les chevaux et les buffles, souvent même
» des hommes, l'alarme se répand, tout le monde
» se rassemble jusqu'à ce qu'on ait détruit l'en-
» nemi commun. Souvent on construit une espèce
» de cage en gros bois à peu près sur le modèle
» des souricières à bascule; une chèvre ou un

» mouton attaché dans le piége sert à attirer l'ani-
» mal poursuivi : à peine est-il entré dans la cage,
» que la porte se referme; et comme une supei sti-
» tion javanaise empêche que le tigre ne soit tué
» de la main d'aucun homme, on le laisse habituel-
» lement périr de faim dans sa cage, à moins qu'on
» ne le destine à la ménagerie du sultan. En ré-
» pandant le sang du tigre, on croirait s'exposer
» infailliblement à périr sous la griffe d'un autre
» tigre. »

On a remarqué que cet animal ne mangeait pas
volontiers de la viande qu'il n'avait pas tuée lui-
même; aussi, lorsqu'on ne le prend pas au piége,
on cherche à pénétrer près de son antre pour lui
ravir les restes du buffle ou autres bêtes nouvellement enlevées. C'est un métier assez dangereux et
très-peu pratiqué. Toutefois, si le chasseur a réussi,
il attache les débris sanglants à quelque branche
élevée; puis il enfonce au-dessous de l'arbre des
piquets pointus qui sortent de quelques pieds en
dehors; quand le tigre revient, il s'élance avec
force sur sa proie et retombe sur les pointes qui
lui font de mortelles blessures.

Dans la belle saison de l'année, les chefs mè-
nent aussi leurs femmes à la pêche. On a barré
d'avance la rivière à un endroit désigné, et le
poisson est retenu entre deux claies dans un espace assez étendu. Alors on jette dans l'eau une
plante appelée *touba*, *glycine frutescens*, qui a la
propriété d'enivrer le poisson, et de l'amener

sans mouvement à la surface de la rivière. Il n'est pas besoin d'ajouter que, cette précaution prise, la pêche ne peut pas manquer d'être fort abondante.

---

## POLYNÉSIE.

### LES ILES D'HAWAII.

#### *(Sandwich.)*

Les îles d'Hawaii occupent le premier rang parmi les îles que l'on rencontre dans l'hémisphère boréal. Hawaii est la plus étendue de ces îles, que l'on appelait autrefois îles Sandwich. En remontant vers le nord, on trouve Tahou-Rawe, Mawi, Ranai, Morokai, Oahou, renommée pour ses points de vue, Tauai et Nihau, toutes réunies sous la domination de Kau-ike-Ouli, autrement Tamehameha III, roi actuel du pays.

On a longtemps cru que le capitaine Cook avait le premier visité ces parages. Il est prouvé maintenant qu'un Espagnol, nommé Gaëtano, avait découvert avant lui Hawaii. Dès que les vaisseaux de Cook abordèrent sur le rivage, les insulaires demandèrent aux Européens du fer, qu'ils appelaient *hama-iti* dans leur langage, et ils possédaient quel-

ques ustensiles de ce métal, dont la matière première était tout-à-fait étrangère au sol de l'île. De
tous les présents que les Européens peuvent faire
aux sauvages, le plus vite apprécié a toujours été
le fer. Ils apprennent bien vite à le forger pour
leurs divers usages; ils changeraient volontiers
des mines d'or contre des mines de ce métal, le
plus utile de tous en effet.

Une tradition populaire, qui se rattache à l'é-
poque de l'expédition de Gaëtano, donne un nouveau poids à cette opinion. Les habitants d'Hawaii
racontent que, sous le règne de Kahou-Kapou,
roi de Kaava-Boa, sept étrangers au teint blanc,
aux cheveux doux, portant des habits, les uns
blancs, d'autres jaunes, la tête couverte de chapeaux, un pahi (long poignard) au côté, débar-
quèrent sur la côte d'Hawaii, dans la baie de Ke-
ara-Kekua, au même lieu où se montra plus tard
le capitaine Cook. Ils étaient dans un canot semblable à celui de l'Anglais, avec un dentelet sur
l'arrière, sans mâts ni voiles; et ces hommes furent reçus de la façon la plus amicale par les naturels. Privés sans doute des moyens de retourner dans leur patrie, ils s'établirent aux Sandwich,
épousèrent des femmes du pays; et les missionnaires anglais, établis actuellement dans l'archipel
d'Hawaii, assurent que l'on retrouve dans l'île des
familles qui descendent évidemment d'une souche
européenne.

La réception faite au capitaine anglais par les

insulaires se rattache aussi à une croyance nationale. Ils le traitèrent d'abord avec vénération, et
n'ont pas cessé, même après sa mort, de le révé-
rer comme une de leurs divinités.

Un homme, appelé Rono, avait eu le malheur,
dans un accès de jalousie, de tuer sa femme; désolé de ce crime injuste, Rono avait perdu la raison.
Dans cet état, il se mit à parcourir les îles, provo-
quant à la lutte à coups de poing tous ceux qu'il
rencontrait. Il est digne de remarque que, chez
presque tous les sauvages, la folie semble impri-
mer un caractère sacré à ceux qui en sont atteints.
L'opinion générale divinisa donc l'insensé; et
comme, dans un accès de misanthropie, il quitta
Hawaii, en déclarant qu'il y reviendrait quelque
jour, les insulaires attendaient encore son retour
à l'arrivée du capitaine Cook.

Lorsque les vaisseaux de l'illustre navigateur
parurent sur les côtes de Tauai, l'une des îles d'Hawaii, les naturels semblèrent émerveillés à la vue
de ces constructions flottantes. Ils entrèrent dans
leurs pirogues, et vinrent admirer de plus près les
navires et les hommes qui les gouvernaient. Toutefois, ils témoignaient de la crainte en s'approchant,
et furent quelque temps avant de se confier aux
démonstrations amicales que les blancs leur adres-
saient. Arrivés un à un sur le pont, ils restèrent
stupéfaits à la vue des cordages, des voiles, du
gouvernail, et de tout l'attirail maritime, dont on
leur démontrait l'usage par signes. De leur côté,

les Européens étudiaient avec une grande curiosité le nouveau peuple qu'ils venaient de décou-
vrir. Certes, les insulaires d'Havaii n'avaient pas
le soupçon que ce fut un grand honneur pour les
êtres prodigieux qu'ils avaient devant eux d'avoir
trouvé leur archipel. Lorsque les Anglais montrèrent l'intention de débarquer, les insulaires cher-
chèrent à s'y opposer; un coup de feu, qui donna
la mort à l'un des plus récalcitrants, rétablit à l'instant la soumission du côté des sauvages stupéfaits.

En descendant à terre, Cook visita d'abord un
moraï, lieu de sépulture et de culte : c'était une
construction grossière. Une pyramide quadrangulaire, formée par de longues perches et des baguettes transversales, de l'aspect général d'une cage,
occupait une des extrémités de l'enceinte du moraï. Tanguera était la divinité du lieu. Grand nombre de figures grotesques, d'objets symboliques,
semaient l'enclos, où s'élevaient au-dessus des pa-
lissades qui l'entouraient. Au fond du moraï se
voyait une case immense : c'était le sanctuaire du
dieu. Des ossements humains annonçaient quels
sacrifices réclamait le culte des deux figures gigantesques sculptées en bois, et d'un seul bloc,
que l'on voyait assises en ce lieu. Après différentes
reconnaissances exécutées dans l'île, des échanges
faits, le capitaine anglais se retira; sa mission le
rappelait sur les côtes de l'Amérique.

Trois jours passés à Tuai ne donnèrent aux Européens qu'une connaissance bien imparfaite des

mœurs des insulaires. On avait remarqué des ossements humains dans le moraï : il fut conclu de là
que les habitants de l'archipel étaient anthropo-
phages. Cependant le sang humain ne coulait que
dans les sacrifices, et pour honorer les funérailles
des chefs.

Comme de grands avantages commerciaux devaient ressortir de la découverte des îles, Cook
retourna l'année suivante à Hawaii. A la vue des
vaisseaux européens, dont l'apparition précédente
avait laissé une trace profonde dans les esprits, les
prêtres déclarèrent que c'était Rono qui revenait
selon sa promesse, et sous une forme divine, visiter ses compatriotes. Dès lors Cook devint l'objet
du culte des insulaires. On se pressait sur son passage ; les idoles de chaque moraï étaient transpor-
tées à sa rencontre ; on l'accablait d'offrandes ; dans
les temples, on l'élevait sur les piédestaux des
dieux mis à terre pour lui céder leur place. Le capitaine se pliait à toutes ces marques d'admiration,
dont il ne démêlait cependant pas le véritable motif. Mais c'est surtout par l'impression de leur su-
périorité, que les Européens subjuguent plus rapidement les sauvages, et jamais on n'avait vu tant d'enthousiasme qu'en montraient les habitants de l'archipel. Un dénouement tragique, et bien imprévu,
devait être la suite de la confiance que se témoignaient les deux partis ; voici comment les insulaires racontent eux-mêmes la fin du célèbre ma-
rin. « On lui avait volé une barque, disent-ils, et

il forma le projet de garder le roi Teirapou en otage
jusqu'à ce que le vol fût restitué. Le capitaine et
le roi s'acheminaient vers le rivage, lorsqu'une
foule de gens accoururent et s'opposèrent à ce que le
roi allât plus loin. En même temps, un homme,
arrivant tout essoufflé de l'autre côté de la barque,
se mit à crier : « Guerre! les étrangers nous ont
attaqués les premiers; ils ont tiré sur un canot et
tué un chef! » Le peuple indigné s'imagina que l'on
voulait aussi tuer son roi; les pierres, les massues
et les lances furent préparées pour le combat. Ka-
noua, épouse de Teirapou, le supplia de rester, et
tous les chefs joignirent leurs instances aux sien-
nes. Le roi s'assit; le capitaine paraissait incertain
et troublé. Un des nôtres le frappa d'un coup de
lance; mais en se retournant, il tua un homme
d'un coup de fusil. On commença alors à lui lancer des pierres, et dès que l'équipage s'en aperçut,
il fit feu sur le peuple. Le capitaine voulut donner
quelques ordres à son équipage; le tumulte était
si grand qu'il ne put se faire entendre. Il essaya de
parler au peuple, et à l'instant même il reçut un
coup de pahoa ( poignard ) dans le dos, et un coup
de lance lui traversa le corps. Il tomba mort dans
l'eau. » A peine cet acte fut-il accompli que le peuple poussa de lugubres lamentations, et tous se
disposèrent à rendre au capitaine Cook les mêmes
honneurs funèbres qu'à leurs chefs. On brûla sa
chair après l'avoir séparée des os, qui devinrent
un objet de culte dans l'île. La superstition qui

avait établi que Cook était le dieu Rono survécut à cette catastrophe, et les témoins oculaires du combat en parlent encore avec un profond regret. S'étant emparés du corps, les insulaires pratiquèrent sur lui leurs cérémonies les plus recherchées; la chair fut séparée des os pour être brûlée; on mit les os dans une corbeille d'osier, recouverte de plumes rouges; et ces reliques devinrent un objet sacré.

Cependant les Anglais, ayant accordé une trève, exigèrent impérieusement la restitution du cadavre; revenus sur leurs vaisseaux, ils parlaient en maîtres, et les insulaires devaient craindre l'artillerie du bord. Deux prêtres vinrent donc apporter, dans des pièces d'étoffes, dix livres environ de la chair mutilée du capitaine; c'était, disaient-ils, tout ce qui restait du corps de Rono, ce corps ayant été brûlé, suivant la coutume, et les os distribués aux chefs de l'armée. La colère des équipages devint difficile à contenir à cette vue. Des rixes recommencèrent toutes les fois que les besoins du navire forçaient les matelots à descendre à terre. Après des intermittences de paix et de guerre, la paix fut cependant conclue, et une partie des os du capitaine Cook ayant été restitués, on lui fit de somptueuses funérailles, et la paix se rétablit.

Peu de temps après, l'escadre quitta l'archipel; une guerre civile commença à éclater parmi les insulaire. Taraï-Opou régnait sur une partie des îles d'Hawaii. En guerre avec les chefs voisins, il se montrait encore d'un despotisme insupportable pour ses sujets ; ses actes arbitraires se multipliaient chaque jour, et excitaient contre Taraï-Opou le mécontentement général.

Le tabou, cet usage particulier à la religion des îles d'Hawaii, était plus que jamais en vigueur. A la voix des prêtres ou de l'autorité royale, un lieu, un jour, une personne, une race d'animaux, deviennent tabou. Malheur à celui qui marchait sur le lieu consacré, qui se montrait dehors ou se livrait à la moindre occupation dans le jour de tabou ! malheur à qui regardait le roi ou le prêtre en face, à qui chassait ou immolait quelque bête qu'il avait été interdit de toucher ! il fallait qu'il payât de sa vie cette témérité ; et souvent, pour mieux établir sa puissance, Taraï-Opou et les prêtres se plaisaient à mettre en défaut la soumission des insulaires en leur ôtant toute possibilité de connaître l'époque ou la durée des interdits.

Toute chose étant susceptible d'être frappée de tabou pendant trente ans, les hommes ne purent pas se faire la barbe, par suite d'un tabou proclamé à cette effet. Quand cette loi pesait dans toute sa rigueur, il était défendu d'allumer des torches, de mettre une pirogue en mer, de se baigner, de sortir devant sa porte ; les cochons et les chiens avaient la gueule liée ; en couvrant la tête des poules avec un morceau d'étoffe, on les réduisait ainsi au silence, car le moindre bruit échappé du toit domestique rompait le tabou.

A certains jours, le roi lui-même était obligé de marcher tête nue, sans pouvoir se mettre sous aucun abri pendant la plus grande chaleur du jour; mais c'était surtout sur le peuple que retombaient les plus cruelles lois du tabou. C'était sans cesse l'occasion de lui interdire tout plaisir : des taxes exhorbitantes recueillies de porte en porte par les prêtres ruinaient l'industrie individuelle; les pratiques superstitieuses descendaient jusqu'à des actes barbares; on ne parlait que de la colère des dieux, et les volcans multipliés dans les îles étaient, selon le dire des prêtres, la voix et la bouche des terribles divinités des Sandwich.

La découverte de l'archipel d'Awaii n'est pas la cause unique de la civilisation subite de ses habitants. Un grand législateur s'est trouvé parmi eux, et avait déjà, avant l'arrivée des missionnaires, opéré une révolution complète parmi les siens. Ta-mcha-Meha, simple particulier, passa son enfance à Halaua, contrée située au nord d'Hawaii et lieu de sa naissance. Sa première jeunesse fut féconde en actes de courage. Le jeune héros avait déjà réuni sous son obéissance une troupe de compagnons dévoués, qui l'aidèrent à accomplir des entreprises périlleuses. Devenu maître de son patrimoine, il exécuta des travaux intelligents et d'une difficulté si grande, qu'on les montre encore dans

l'île avec orgueil, malgré ce que la réputation militaire et la haute fortune de Tameha-Meha ont
ajouté à ces premiers faits. Les bois plantés de la
main du monarque, les puits et les chemins creu-
sés par lui, ont longtemps été consacrés par le tabou, et restent un juste objet d'admiration pour
les sujets du grand roi. Tameha-Meha porta les
armes de bonne heure, et remporta de si belles vic-
toires, que rien ne parut plus impossible à son ambition; une intrigue lui livra le trône d'Hawaii; il
soumit les chefs des îles voisines et réunit tout l'archipel sous son obéissance.

Une des batailles gagnées par le conquérant
donna lieu à une épisode qui prouve l'étrange dévouement de l'armée à ses chefs. Le roi Oahou
était l'adversaire de Tameha-Meha; les deux guerriers se livrèrent bataille dans la plaine d'Hono-
rourou, en vue de la ville du même nom, capitale
de l'île d'Hawaii. Ce lieu est environné de pics et
de montagnes; de loin les formes anguleuses des
aiguilles ressemblent à des évocations fantastiques.
Après avoir gravi les pentes inférieures entre des
chemins agrestes, bordés de bois, de vergers, où
circulent des ruisseaux qui courent sur leurs lits
rocailleux, on passe entre des gorges de ravins,
puis l'on arrive au pic de Pari, qui domine un précipice immense, et n'est entouré que de crètes
granitiques, de promontoires escarpés, repaires de
vautours, où l'homme ne saurait atteindre sans
être pris de vertige.

Quand la bataille fut perdue, les soldats d'Hoahou, échappés à la mort et près d'être faits prisonniers, se dirigèrent vers le Pari, où on les poursuivait; ils allaient être atteints et tomber aux pouvoir des vainqueurs : tous préfèrent la mort à ce résultat de la défaite; trois cents hommes se précipitèrent simultanément du haut de la crête dans l'abîme.

Toutes les côtes d'Hawaii ont l'aspect grave et sérieux; l'archipel entier n'est qu'un cratère volcanique, et les rivages convulsionnés des îles gardent un aspect menaçant. On ne voit que rochers de lave, tantôt tranchés à pic à une grande hauteur, tantôt s'avançant du sommet à la base, de manière à faire craindre un éboulement dans la mer. A les visiter en détail, ces côtes sont mille fois plus curieuses encore. Ce ne sont que labyrinthes et grottes profondes, où l'on trouve des lacs, et sous ces voûtes obscures, dans les chemins tortueux, se dressent à chaque pas des colonnes tronquées, des figures fantastiques qui, de loin, ressemblent à des statues, et de près ne sont plus que des jets informes; là, comme dans les nuages, se reproduisent des scènes vagues, des tableaux à demi réalisés, et d'immenses perspectives de colonnes, d'arcades, peuplées de créations étranges, vous invitant toujours à avancer pour vous laisser la même déception. Le volcan de Mouna-Huari a causé naguère d'étranges ravages dans l'île. Une rivière de lave coula un jour impétueusement de

son cratère, passa sur des villages et les combla,
ensevelit dans ses replis des populations entières,
des races de bestiaux, et jeta un vaste promontoire sur l'Océan. Ce phénomène dura plusieurs
semaines; en vain les prêtres appelés s'avancèrent-
ils sur les bords du gouffre, les mains pleines d'offrandes; la lave dévorait tout ce qu'on lui jetait,
mais le cratère ne cessait pas de rouler des flots
de cendre et de vomir des flammes. Enfin le roi
Tameha-Meha vint à son tour, à la tête de ses
principaux officiers, conjurer le dieu de s'arrêter;
il coupa une mèche de ses cheveux qui étaient tabou, et la jeta dans la lave. Deux jours après le
fléau s'arrêta, et ce bienfait fut attribué à la puissance du roi. Sur le promontoire qui s'est affermi,
on voit des cratères d'où s'échappent des jets
d'eau salée qui retombent en pluie abondante sur
la lave.

Dans le même temps où le Mouna-Huari éten-
dit les côtes de l'ouest, la montagne de Pêlé, située
à la partie est d'Hawaii, se couronna subitement
d'un brouillard épais, à travers lequel on croyait
distinguer des lueurs de flammes. Les prêtres vinrent encore offrir l'intermédiaire de leurs prières
pour apaiser Pêlé, une des plus terribles divinités
de l'île. Tout fut inutile. Vers le soir, la montagne se fendit à une grande profondeur, et la partie
détachée s'abîma dans la mer, où s'engloutirent
deux villages avec elle. La marque de cette déchi-

rure perpendiculaire est toujours au vif sur la montagne volcanique de Pélé.

Les îles d'Hawaii étaient en proie à tous les fléaux : la guerre, les volcans, dévastaient à la fois la terre et détruisaient les populations. Son pouvoir établi, le nouveau roi sembla se rendre maître des éléments aussi bien que des hommes ; il encouragea les travaux agricoles, accueillit avec empressement les Européens qui visitèrent son île, et employa même la ruse pour retenir, d'abord malgré eux, deux Américains qui l'aidèrent puissamment dans ses efforts pour transformer les sauvages d'Hawaii en un peuple civilisé. Quarante années d'un règne paisible ont réalisé toutes les espérances de Tamcha-Meha, et immortalisé son nom parmi les insulaires. Conquérant et législateur, il avait, comme les héros de l'antiquité, son dieu familier ; l'idole de Taïri l'accompagnait partout, et le bonheur qui suivit les entreprises de Tamcha-Meha donna une grande confiance dans sa divinité.

Bientôt les Européens vinrent en foule aux îles d'Hawaii ; le monarque les y reçut avec toute la bienveillance possible. Il apprit d'eux à faire construire des vaisseaux, à régler les échanges commerciaux, et le bois de sandal, abondant aux Hawaii, devint une source de richesses pour les insulaires. Les constructions changèrent d'aspect, des édifices remplacèrent les huttes. Honorou-rou

s'embellit de toute la majesté d'une ville capitale.
Les Anglais, les Américains, les Russes, les Français se pressèrent dans le port, et vinrent faire des
offres à Tameha-Meha, de la part de leurs différents
gouvernements. Les Anglais prévalurent, et tous
les usages de la civilisation britannique sont introduits à Hawaii. Sous le règne du conquérant,
cependant, jamais il ne fut possible de changer la
religion du pays. A toutes les ouvertures qu'on lui
fit sur ce sujet, Tameha-Meha répondait que la religion de ses pères devait rester celle de ses descendants. Seulement il adoucit les rigueurs des
lois religieuses, interdit les sacrifices humains,
multiplia les lieux d'asile, déjà en usage dans l'archipel; mais rien ne put lui faire méconnaître les
dieux terribles qu'il croyait voir dans les gouffres
et les cratères fumants ouverts sur les montagnes
et dans les plaines. Les hommes s'instruisirent
aux arts et aux métiers, et repoussèrent, à l'exemple de leur souverain, l'enseignement religieux.
Toutes les traditions du pays personnifiaient les
divinités de l'île, et une des plus curieuses est
celle qui se rattache à la colline de Bou-o-Kahavari, où toutefois un chef vaillant sut braver la
déesse Pêlé.

« C'était dans une fête, où le peuple assistait à
son divertissement favori du horoua. Le horoua
consistait à se laisser glisser le long d'une colline,
sur un papa, sorte de traîneau composé de deux
pièces de bois de deux ou trois pouces d'épaisseur,

sur une longueur qui variait de huit à dix-huit
pieds. Sur le devant, chacune d'elles s'évidait de
manière à se terminer en pointe en dessus. Les deux
pièces de bois, qui faisaient le service de la lame
d'acier dans un patin, étaient assujetties l'une à
l'autre par différentes traverses, de manière à ce
que leur écartement ne fût que de deux pouces, et
augmentât jusqu'à devenir de quatre à cinq pouces
sur l'arrière. Une petite plate-forme était ména-
gée pour appuyer le corps du joûteur, et de chaque
côté, à une distance de cinq à six pouces de la
machine, étaient assujettis deux solides bâtons,
pour lui servir de garde-fous. Au moment de partir, le joûteur se plaçait à plat sur le traîneau, une
main appuyée sur l'un des garde-fous, les pieds
contre la traverse de l'arrière; puis, ayant, de la
main libre, donné à la machine une vigoureuse
impulsion, il reportait cette main sur le garde-fou
et s'élançait de la colline, en cherchant à se maintenir en équilibre pendant une traite de cent toises, et à lutter de vitesse contre les papas rivaux
partis en même temps. C'était la montagne russe
au naturel, le traîneau des Lapons, moins les
rennes.

— Donc, le chef de Pouna, Kahavari, favori du
roi, assistait un jour au horoua sur la colline qui a
conservé le nom de Ka-Horoura ana Kahavari
(glissade de Kahavari). Les naturals, rassemblés au
pied de la hauteur, s'étaient rendus à cet assaut
comme à une fête; l'orchestre indigène et la danse

avaient préludé au jeu décisif. Le chef et le roi allaient partir dans leurs papas. Tout-à-coup Pêlé, la terrible Pêlé se présente. Elle descend de Kerou, comme témoin d'abord ; puis la fantaisie lui en étant venue, elle se proposa comme acteur et offrit à Kahavari de lutter avec lui. Le chef de Pouna accepta, sans reconnaître son adversaire. Les joûteurs s'élancent ; mais Pêlé, n'ayant pas l'habitude de manier le traîneau, resta en chemin ; elle est battue, et Kahavari est couronné aux applaudissements de la multitude.

— Avant de courir une seconde traite, Pêlé demanda au chef de lui céder son papa. A quoi Kahavari, la prenant pour une femme ordinaire, répondit : — Êtes-vous mon épouse, pour me demander mon traîneau ? — Puis, comme impatienté de ce retard, il prit son élan et glissa rapidement le long de la colline. La déesse de Kerou n'était pas moins vindicative que les déesses de la mythologie grecque ; elle entra dans une épouvantable rage, et d'un coup de pied fendit en deux la montagne. A ses cris, le feu et la lave jaillirent. Kahavari était arrivé dans le vallon, lorsqu'en se retournant il aperçut Pêlé qui accourait escortée de tonnerres et d'éclairs, en poussant devant elle des ruisseaux enflammés et des torrents de bitume. Elle avait gagné du terrain et talonnait Kahavari. Alors le guerrier saisit sa large lance plantée dans le sol ; il appela un de ses amis et prit la fuite. Moins alertes que lui, les danseurs, les musiciens, les

spectateurs, furent engloutis sous l'avalanche in-
cendiaire. Tant de victimes ne suffisaient pas à
Pêlé ; ce qu'elle voulait, c'était le chef de Pouna,
c'était Kahavari qui lui avait refusé son papa. Elle
le poursuivit donc à outrance. Kahavari n'eut pas
le temps de respirer dans cette lutte croissante.
A Boua Kea, il jeta son toni-raï, manteau de
feuilles de ti tressées, et se dirigea vers sa maison,
située près du rivage. Sur la porte, ayant rencon-
tré son cochon favori, Aroï-Pouna, il le salua
avec son nez, courut chez sa mère à Koukii, la
salua de même. — Je suis venu, dit-il, à la hâte,
parce que j'ai pitié de vous ; votre mort est pro-
che, Pêlé vient vous dévorer. — Ensuite il accosta
sa femme Kanaka-Wahine, la salua aussi ; et
comme elle lui disait : — Reste ici, nous mourrons
ensemble. — Non pas, répondit Kahavari, je me
sauve. — Il fit aussi ses adieux à ses enfants, Pou-
pourou et Kaohe, en leur disant : — J'en suis désolé pour vous. — La lave roulait de nouveau sur
ses talons ; il reprit sa course et ne s'arrêta que
devant une fissure large et profonde. Sans sa lance
il était perdu ; il la mit en travers et passa. Son
ami en fit autant. Pêlé, de son côté, approcha du
même obstacle qui ne l'arrêta point. Alors, Kahavari monta sur la colline Bou-o-Kahavari, où il
rencontra sa sœur Kona, à qui il n'eut que le
temps de dire bonjour. Puis il s'enfuit vers le
bord de la mer. Il y trouva son jeune frère qui
venait de lancer à l'eau sa pirogue de pêche.

afin d'y embarquer la famille. Kahavari et son compagnon y sautèrent et la poussèrent au large. Pêlé arrivait alors furieuse sur la grève; quand elle vit que sa proie lui échappait, elle se jeta à l'eau, fumante et désespérée, hurlant, se tordant de désespoir. Elle essaya de lancer encore des pierres contre les fugitifs; mais aucune d'elles n'atteignit la pirogue. Le chef de Pouna et son ami voyagèrent jusqu'à une grande distance du rivage, où le vent d'est s'éleva. Alors il planta, dans le milieu de la frêle embarcation, sa large lance, qui servit à la fois de mât et de voile, et atteignit bientôt l'île Mawi, où il séjourna une nuit. De là il passa successivement à Panaï et Moro-Kaï, d'où il gagna Oahou, séjour de son père et de sa sœur, auxquels il raconta ses aventures. Il fixa dès-lors sa résidence sur cette île, loin des vengeances de Pêlé. Les insulaires d'Hawaii montrent encore aujourd'hui les rochers que Pêlé lança sur Kahavari (1). » Malgré la ténacité personnelle de Tamcha-Meha pour ses croyances natives, le contact des Européens prépara tous les esprits à recevoir une religion nouvelle de ceux qui leur révélaient tous les prodiges de l'industrie européenne. Toutefois, le roi d'Hawaii mourut, en recommandant à Rhio-Rhio, son successeur, de ne pas abjurer le culte des idoles.

Il y avait quelques années que Young et Davis, retenus à la cour de Tamcha-Meha, et d'autres

(1) *Voyage autour du Monde.*

étrangers venus volontairement, l'aidaient de tous
leurs efforts à civiliser son pays, lorsqu'en 1793
Vancouver aborda à Hawaii pour la seconde fois.
Le roi le reçut avec la plus grande distinction : le
navigateur anglais, ses officiers, l'équipage du
vaisseau, assistèrent à des fêtes données en leur
intention. Parmi les jeux en honneur dans l'archipel, on peut croire que sous le règne de Tameha-
Meha les combats simulés tenaient le premier
rang. Une scène de ce genre fut représentée en
dehors de l'enceinte d'un moraï, et trois cents
guerriers en étaient les acteurs. Les deux bandes
représentaient, l'une l'armée de Tahi-Teri, l'autre
celle de Ta-Eo, deux rois vaincus par Tameha-
Meha. Quand le combat fut engagé, le roi lui-
même ne sut pas résister au plaisir d'entrer en
lutte, et sa main royale portait les meilleurs coups.
Bien que les lances fussent émoussées, la résistance ni l'attaque n'étaient pas sans péril, parce
que la victoire appartenait au premier des deux
camps qui ferait un prisonnier et l'emporterait
hors du champ de bataille. Sans cesse pris et ar-
raché, ce premier prisonnier n'arrivait jamais hors
des limites du camp; c'étaient des défis, de gestes
et de paroles, des luttes corps à corps, un avantage
obtenu et aussitôt enlevé; mais le camp qui possédait Tameha-Mea ne tarda pas à être définitivement vainqueur, et Vancouver et les autres officiers restèrent émerveillés de l'adresse et de la
force musculaire du roi. Ces avantages personnels

font du reste, fort souvent, la fortune politique des individus dans tous les pays barbares.

Pour répondre à ces solennités publiques, Vancouver fit tirer un feu d'artifice devant les insulaires. Rien ne peut rendre leur étonnement à la vue de ce prodige : ces étoiles allant rejoindre en apparence d'autres étoiles; ces gerbes, ces palais apparaissant un instant éclatants de lumière, s'éteignant pour faire place à de nouveaux prodiges; les sauvages en étaient confondus. Du moins, en commençant par jouir de leur surprise, les Européens initiaient les sauvages à tous leurs mystères. En peu de temps, Tameha-Meha vit ses sujets capables d'imiter les effets dont ils avaient été frappés. Ils les faisait aussi instruire dans l'art de la guerre, fortifiait les côtes, acquérait des canons et des armes portatives, et bientôt il put aussi expédier des vaisseaux de sa propre marine vers la Chine. Les hommes employés dans ces expéditions racontaient des merveilles des pays visités, et ne comprenaient pas qu'ils eussent pu rester si longtemps captifs dans leur archipel, quand des rivages voisins leur offraient tant de moyens d'améliorer leur sort.

« Après la visite des moraïs, il ne resta plus à Tameha-Meha qu'à faire assister les Anglais à une représentation théâtrale; et la surprise de ceux-ci fut grande, lorsqu'ils se trouvèrent émus et intéressés en écoutant une actrice, seul personnage de la première pièce; et cependant ils n'entendaient pas le sens de ses paroles, et ne pouvaient être impressionnés que par l'habileté de sa pantomime et la grâce de son jeu. La représentation avait lieu en plein air ; la multitude enthousiaste y assistait, et l'actrice, appelée Poukou, semblait fort admirée du public. La seconde pièce surpassa de beaucoup l'intérêt de la première. A Hawaii, les femmes du plus haut rang briguent l'honneur de se montrer sur la scène. Cette fois, les princesses de la famille royale, la reine exceptée, jouèrent devant les Anglais. Tout ce qu'on avait pu inventer pour donner de l'éclat aux costumes était prodigué à cette représentation. Les femmes portaient de belles étoffes drapées depuis la ceinture jusqu'à la poitrine nue. Des guirlandes de feuillages, passant sur leurs épaules et leurs bras, retombaient autour d'elles. On joua tour à tour la pantomime, on déclama, on chanta, et dans ces diverses manières, les femmes se montrèrent des actrices consommées. L'action dramatique se rattachait à la captivité d'une princesse fort regrettée dans l'île, et jamais le nom de l'héroïne n'était prononcé, sans que les actrices ôtassent subitement leurs colliers de dents de chien, et les tresses de cheveux qui supportaient le para, ornement en dent de baleine suspendu à leur cou. »

Pendant que les insulaires s'instruisaient avec tant d'avidité des usages étrangers, les Européens, à leur tour, étudiaient avec une grande curiosité les aspects des îles, les usages, les traditions des populations d'Hawaii.

Le climat général des îles est chaud, sans que pour cela il soit malsain. Des pluies, qui durent environ quatre mois, marquent la saison de l'hiver, mais il ne fait jamais froid. Les plantes les plus communes dans l'île avant l'arrivée des Européens étaient la patate douce, la canne à sucre, les framboises, les fraises, l'arbre-à-pain, le cocotier, les bananiers, le mûrier-à-papier, l'hibiscus, divers autres arbres, et le bois de sandal, qui formaient à peu près la chaîne végétale. Depuis, le sol s'est enrichi de nombreuses productions qui se sont parfaitement acclimatées. Les animaux domestiques de notre Europe ont aussi été transportés à Hawaii, où ils étaient tout-à-fait inconnus. Maintenant, les insulaires montent à cheval; les campagnes sont peuplées de vaches, de chèvres, de brebis; le lapin, la volaille, approvisionnent la table, et le chat est venu faire la guerre aux rats indigènes.

Avant l'introduction des animaux qui servent à la consommation journalière des Européens, on mangeait à Hawaii des chèvres, des rats et des cochons. Le poisson abonde sur les côtes; mais les oiseaux et les insectes sont rares. On ne saurait dire, d'ailleurs, quel hasard a pu peupler en hommes et en animaux ces îles, évidemment formées par un groupe de volcans sortis des bancs de corail. Mais où la Providence répand ses dons, elle sait amener à point ceux qui sont destinés à en jouir.

Des missionnaires russes arrivèrent pour offrir leurs enseignements au roi. Tameha-Meha les reçut avec modération, sans se prononcer sur ce qu'il comptait faire; il donna rendez-vous aux missionnaires dans l'enceinte du moraï de sa famille. Arrivé là, le roi, contre l'attente des prêtres étrangers, embrassa ses idoles grotesques et leur jura de nouveau une irrévocable fidélité; en toute chose, même en adoptant les coutumes européennes, Tameha-Meha cherchait à montrer son attachement pour les habitudes traditionnelles. A table, il ne consentit jamais à employer des cuillères et des fourchettes. Pour les vêtements, cependant, il donna la préférence exclusive à ceux qui lui étaient envoyés d'Angleterre. L'héritier du trône, le prince Rhio-Rhio, malgré les recommandations paternelles, inclinait à se soumettre sans restriction à tout ce qui lui était enseigné par les Européens. Aussi, lorsqu'une maladie atteignit le roi, il fit solennellement jurer à son fils de rester fidèle au culte de ses pères.

La mort de Tameha-Meha, arrivée en 1819, causa une douleur universelle à ses sujets. Les manifestations publiques de deuil surprirent étrangement les Européens. Le peuple s'assemblait sur les places, et en s'abordant, hommes et femmes, se faisaient l'un à l'autre de cruelles blessures au visage; on s'arrachait les dents; les animaux domestiques étaient sacrifiés; des insulaires abattaient leurs cases pour errer sans asile en signe de désespoir. Nul n'osa prendre de nourriture pendant plusieurs jours; et le nom du roi fut inscrit sur le bras d'un grand nombre de ses sujets, qui se firent tatouer en son honneur. La sépulture de Tameha-Meha devint un lieu tabou, ainsi que tout ce qui lui avait appartenu. C'est peu de temps après la mort du monarque, qu'on peut appeler *grand*, non-seulement parmi les siens, mais encore par son esprit et ses œuvres, que les missionnaires américains arrivèrent dans l'île. Déjà leurs prédécesseurs avaient eu la gloire de convertir le nouveau roi. Rhio-Rhio s'était fait chrétien. Hawaii avait changé de religion. Les idoles, ainsi que le tabou, n'exerçaient plus aucune puissance religieuse ou politique. Toutefois, un changement aussi brusque ne s'opéra pas sans résistance. Il y eut des soulèvements; une partie du peuple s'arma pour la défense des dieux indigènes; il fallut livrer plusieurs combats; mais, après une lutte opiniâtre et sanglante, tout se soumit aux ordres du souverain, et, ce qui est très-digne de remarque, l'opinion populaire fut changée; les vues du monarque furent approuvées, et l'idolâtrie, frappée d'un coup mortel, ne put se relever. Tous les amis du roi le secondaient à merveille, ainsi que les employés du gouvernement. Keopouolani, mère de Rhio-Rhio, consultée à ce sujet, répondit aux envoyés de son fils : « Vous parlez avec sagesse; nos dieux ne nous ont fait aucun bien, ils sont cruels : que les désirs du roi et les vôtres soient accomplis! » Il paraît qu'on n'a point eu recours aux moyens de rigueur ; qu'on a laissé faire les dévots et ceux qui ne pouvaient renoncer aussi promptement aux vieilles pratiques de religion : l'exemple du roi et des chefs a été plus puissant qu'un code de lois pénales. Peu à peu les idoles ne furent plus que de la pierre et du bois. Les prêtres et les prêtresses, les sorciers et les fanatiques, tout l'appareil d'une grossière superstition, toutes les illusions mensongères se retirèrent à mesure que l'instruction fit des progrès. Les esprits, fatigués du joug de la plus absurde idolâtrie, se sont trouvés disposés à recevoir des idées raisonnables. Mais en concevant en général comment cette révolution morale s'est opérée, il reste encore à rechercher ce qui l'a rendue si prompte, si facile et si complète. On ne peut attribuer une aussi grande influence aux relations avec les étrangers, aux spectacles de nouvelles mœurs, à un petit nombre de notions qui manquaient encore ; pour expliquer le mystère d'une conversion aussi subite, il faudrait plus de connaissance de ce peuple et de son histoire. Il est bien vrai que l'idolâtrie faisait peser un insupportable fardeau sur les malheureux habitants de ces îles ; elle remplissait l'âme d'une terreur continuelle ; ses dieux étaient sans cesse irrités, ses préceptes étaient cruels et antisociaux ; souvent elle exigeait des victimes humaines. La loi du tabou ou des interdictions était, entre les mains des prêtres, l'arme la plus redoutable que la tyrannie ait jamais imaginée pour sa sûreté et pour ses vengeances (1). » Ce que nous en avons rapporté doit suffire pour la faire apprécier.

A la nouvelle d'un si étonnant changement, la Société des missions de Londres voulut aussi envoyer quelques-uns de ses membres aux nouveaux convertis. A leur arrivée, Rhio-Rhio était fort inquiet des tentatives que les Russes faisaient auprès de lui pour imposer le patronage de leur gouvernement à l'archipel. Tous les navigateurs anglais avaient été chargés, pour Tameha-Meha et pour le nouveau souverain, de présents considérables et d'offres d'assistance aux nouveaux alliés de l'Angleterre. Le jeune roi voulut aller lui-même à Londres pour conférer avec le monarque anglais. Il s'embarqua avec sa femme sur un navire frété par lui, et, laissant son royaume aux mains de Karaï-Mokou, il arriva à Portsmouth le 31 mai 1824.

Hors de ses états, le monarque insulaire perdait beaucoup de son importance, et le roi d'Angleterre, peu soucieux de troubler la politique européenne pour patroniser les îles d'Hawaii, ne se pressa pas de recevoir Rhio-Rhio. On discutait encore sur le cérémonial plus ou moins important à suivre dans la réception toujours ajournée, lorsque les deux majestés, frappées de nostalgie, mou-

(1) *Revue Britannique.*

rurent à peu de jours de distance. On prit alors pitié du reste de l'ambassade. Les chefs furent admis en présence du roi, qui leur fit des présents et des promesses, et leur donna l'assurance d'un prompt retour à Hawaii.

Une année après son arrivée, l'ambassade partit, emportant les restes du roi et de la reine, qui furent accueillis à Hawaii avec tous les honneurs qu'on leur devait.

En mettant le pied sur le sol natal, les voyageurs purent croire qu'ils revenaient encore parmi des Anglais. Rien, ni dans les cérémonies, ni dans les fêtes, n'appartenait plus aux traditions indigènes. Les missionnaires s'étaient emparés de la direction générale, et tout se faisait selon leurs idées et leurs usages à eux. Aujourd'hui, c'est une révolution parfaitement accomplie, et les palais de Kou-ike-Ouli, le roi actuel, offrent toutes les recherches du luxe européen. Lui et ses officiers portent des habits militaires, des costumes de chasse. La cour parodie le cérémonial du palais de Saint-James. Les écuries du roi sont bien montées en chevaux. Mais c'est surtout dans le luxe de la table que la ressemblance est plus frappante. La vaisselle plate, les cristaux, la porcelaine de Chine, sont disposées avec symétrie pour le couvert royal. Des mets soigneusement apprêtés, des pâtisseries, du thé, du café et des vins de tous les pays, sont offerts chaque jour aux maîtres d'Hawaii.

Il est facile de penser que les Européens ont quelque peine à traiter d'égaux à égaux avec les indigènes. La protection que leur accorde le roi, encourage encore le despotisme dont ils veulent user. Il a fallu, pour mettre ordre à des abus criants, que les missionnaires, d'accord avec le roi, fissent publier un édit royal qui assimilait aux mêmes lois les natifs de l'archipel et les étrangers établis à Hawaii. Quelque chose de sauvage perce bien encore sous la civilisation récente des insulaires, et donne parfois une tournure grotesque à leurs prétentions imitatives.

Le nouveau culte admis n'a pas non plus tout-à-fait banni le respect pour les anciens temples et pour les lieux où l'on supposait qu'habitaient les divinités. On laisse paisiblement s'écrouler les anciennes constructions; mais personne n'oserait y porter la main. Le moraï élevé à Taïra par Tameha-Meha est encore intact. C'est d'abord un enclos de murs dont la terre est pavée en dalles. Au centre de cet enclos s'élève un obélisque d'osier, d'où le prêtre faisait entendre ses redoutables oracles. Au dehors, et près de l'entrée, on voit l'autel qui servait à immoler les victimes humaines, dont les ossements sont encore épars près du lieu du sacrifice.

Le développement physique est précoce chez les habitants d'Hawaii; les filles se marient à douze ans. Leurs maris les traitent avec bienveillance, mais sans leur accorder aucune considération. Hommes et femmes sont également remarquables dans les îles d'Hawaii pour leur force musculaire et l'élévation de leur taille. Les habitudes de la vie journalière sont indolentes : on cause étendu sur des nattes, et couché à plat sur le ventre.

Dans les occasions requises, cependant, les indigènes sortent de cette apathie, et se montrent, au contraire, fort démonstratifs. L'arrivée d'un parent ou d'un ami qui a fait une longue absence exige des pleurs, des cris, des gestes expansifs ; la joie vient à son tour, mais après les scènes dont le programme est arrêté par les convenances, et personne ne manque à s'y conformer. La poésie sert encore, dans ces occasions, à témoigner à un hôte la considération qu'on a pour lui.

Pour être en partie abolis, les anciens usages ne laissent pas de mériter qu'on en rappelle quelques traces. Avant la découverte, le roi d'Hawaii jouissait d'un pouvoir absolu. Toutes les dignités étaient héréditaires ; mais une disgrâce pouvait néanmoins précipiter un chef dans les derniers rangs, aussi bien que la faveur élevait parfois un homme obscur aux premières dignités. Des sacrifices préludaient aux batailles, et souvent les prisonniers servaient de victimes pour obtenir la faveur des dieux. Les punitions militaires étaient sévères : l'insubordination amenait ordinairement la mort du coupable. Après une lutte entre deux armées ennemies, si des pourparlers produisaient la réconciliation, c'était encore aux dieux qu'on

allait rendre hommage. Mais alors des offrandes
de fruits, d'animaux domestiques, des guirlandes
de feuillages, suffisaient au culte.

La vie indolente des guerriers en temps de paix
était sans doute cause de leur embonpoint exces-
sif. Leur vie se passait à boire, manger et dormir,
et ils ne sortaient de là que pour aller jouer leur
vie sur le champ de bataille. Si la chance des
combats les livrait à leurs ennemis, ils devenaient
captifs où étaient offerts aux dieux, et les mêmes
usages étaient pratiqués par les habitants d'Hawaii.

Toute l'éducation des enfants consistait en exercices gymnastiques et militaires. Le tatouage des
guerriers était plus imposant et plus compliqué
que celui du commun du peuple; et même, en
général, à Hawaii, l'usage en était moins commun
que dans les autres îles de l'archipel.

Autrefois aussi, les hommes du peuple étaient à
peu près nus, et les chefs se distinguaient d'eux
par un manteau fabriqué en écorce de mûrier-à-
papier, ou bien en nattes. Les rois portaient le pal-
lium à plumes rouges, d'un magnifique effet. Pour
les femmes, une étoffe fine, roulée en plusieurs
doubles, et tournée autour du corps, retombant
au-dessus des genoux, leur cachait à volonté la
poitrine ou la laissait à nu. Pour marcher sur les
rivages, hommes et femmes chaussaient de grosses
sandales en bourre de coco; mais habituellement,
ils allaient tous nu-pieds. Des plumes rouges, noires
et jaunes, ornaient la tête des grandes dames; sou-

vent aussi elles teignaient en blanc la partie de leurs cheveux qui encadrait le visage.

Une foule d'ouvrages délicats, en étoffes, en feuillages, en plumes, en coquillages, excitaient la curiosité et l'admiration des Européens, lorsque ces ouvrages des insulaires furent apportés par les premiers navigateurs. De leurs essais à eux, les matériaux leur étant apportés, il serait facile aux insulaires de passer aux perfectionnements de notre industrie. Mais on leur apporte tout ce qu'ils peuvent souhaiter, et l'industrie nationale n'a malheureusement pas assez excité jusqu'à ce jour la sollicitude des missionnaires.

---

### SYRIE. — ARABIE.

Au lieu de suivre une route méthodique, je cherche à diversifier mes récits; aussi, vais-je en ce moment passer des îles d'Hawaii au voyage en Orient de notre premier poète : « Ma mère avait » reçu de sa mère au lit de mort, dit M. de Lamar- » tine, une belle Bible de Royaumont, dans la- » quelle elle m'apprenait à lire quand j'étais petit » enfant. Cette Bible avait des gravures de sujets » sacrés à toutes les pages : c'était Sara, c'étaient » Tobie et son Ange, c'était Joseph ou Samuel, » c'étaient surtout ces belles scènes patriarcale

» où la nature solennelle et primitive de l'Orient
» était mêlée à tous les actes de cette vie simple et
» merveilleuse des premiers hommes. Quand j'a-
» vais bien récité ma leçon, et lu à peu près sans
» faute la demi-page de l'Histoire sainte, ma mère
» me découvrait la gravure, et, tenant le livre ou-
» vert sur ses genoux, me la faisait contempler en
» me l'expliquant pour ma récompense. . . . . . .

» . . . . . . . . . . . . . . . . . . . . . . . . .

» La vue de ces gravures, les explications et les
» commentaires poétiques de ma mère, m'inspi-
» rèrent, dès ma plus tendre enfance, des goûts et
» des inclinations bibliques; de l'amour de ces
» choses, au désir de voir les lieux où ces choses
» s'étaient passées, il n'y avait qu'un pas. Je brû-
» lais donc, dès l'âge de huit ans, du désir d'aller
» visiter ces montagnes où Dieu descendait; ces
» déserts où les Anges venaient montrer à Agar
» la source cachée pour ranimer son pauvre en-
» fant banni et mourant de soif; ces fleuves qui
» sortaient du paradis terrestre; ce ciel où l'on
» voyait descendre et monter les Anges sur l'é-
» chelle de Jacob. Ce désir ne s'était jamais éteint
» en moi : je rêvais toujours, depuis, un voyage en
» Orient, comme un grand acte de ma vie exté-
» rieure; je construisais dans ma pensée une vaste
» et religieuse épopée dont ces beaux lieux seraient
» la scène principale. . . . . . . . . . . . . . . . »

Toutes les jouissances, les plus belles gloires,
semblent réunies sur la tête de M. de Lamartine;

illustre par son talent, honoré par sa vie privée, maître d'une brillante fortune, rien ne manque au bonheur du poète. On sait, car le public s'intéresse aux moindres détails de son existence, qu'il habite une partie de l'année, près de Mâcon, dans sa terre de Saint-Point, dont il a fait un ravissant séjour. Habile industriel, philanthrope éclairé, M. de Lamartine procure mille ressources aux habitants du pays où il est propriétaire. Madame de Lamartine, appliquée aux mêmes œuvres, ouvre des écoles, instruit elle-même les pauvres, secourt les malades, et se rend la providence visible de tout ce qui souffre autour d'elle. Une jeune fille, objet d'une tendresse ineffable, semble la récompenser de si hautes vertus. Julia de Lamartine s'élève sous les yeux de ses parents, pleine de confiance dans l'avenir qui lui est réservé. Enfant gracieuse, candide, pleine de piété, elle porte cependant en son regard une expression d'intelligence dont la précocité effraierait, si Julia n'était pas la fille d'un poète. Déjà, lorsqu'elle a prêté une oreille attentive aux chants paternels, elle reproduit de mélancoliques pensées dans les rhythmes entendus. Plusieurs, en l'admirant, se demandent si cette enfant est destinée à parcourir jusqu'au bout la brillante carrière qui lui est ouverte? Si elle avait dû vivre, sa place était choisie belle entre bien des destinées humaines!

La croissance donnait chaque jour à Julia une apparence plus élégante, mais en même temps

plus délicate ; toutefois, rien d'inquiétant ne s'était
encore manifesté aux regards d'une mère vigi-
lante, d'un père plein de tendresse pour sa fille
unique, et le moindre de leurs projets s'enchaînait
à l'avenir d'une si chère enfant. Quand M. de Lamartine songea à partir pour l'Orient, sa femme
et sa fille devaient être du voyage.

« J'ai nolisé, dit l'auteur, un bateau de 250 ton-
» neaux, de 16 hommes d'équipage ; le capitaine
» est un homme excellent, sa physionomie m'a
» plu. Il a dans la voix cet accent grave et sincère
» de la probité ferme et de la conscience nette. Il a
» de la gravité dans l'expression de la physionomie,
» et, dans le regard, ce rayon droit, franc et vif,
» symptôme certain d'une résolution prompte,
» énergique et intelligente. C'est, de plus, un
» homme doux, poli et bien élevé. Je l'ai examiné
» avec le soin que l'on doit naturellement apporter
» dans le choix d'un homme à qui l'on va confier,
» non-seulement sa fortune et sa vie, mais la vie
» de sa femme, et d'un enfant unique, où la vie de
» trois êtres est concentrée dans une seule. Que
» Dieu nous garde et nous ramène ! »

Le 11 juillet, M. de Lamartine met à la voile, et,
durant la nuit, il écrit encore. « Je me suis promené
» sur le pont du vaisseau, seul, en faisant de tristes
» ou de consolantes réflexions. J'y ai murmuré du
» cœur et des lèvres toutes les prières que j'ai ap-
» prises de ma mère quand j'étais enfant ; les lam-

» beaux de psaumes que je lui ai si souvent en-
» tendu murmurer à voix basse, en se promenant
» le soir dans les allées de Milly, remontaient
» dans ma mémoire, et j'éprouvais une volupté in-
» time et profonde à les jeter à mon tour à l'onde,
» au vent, à cette oreille toujours ouverte, pour la-
» quelle aucun bruit du cœur ou des lèvres n'est
» jamais perdu ! La prière que l'on a entendu une
» fois proférer par quelqu'un qu'on aima et qu'on
» a vu mourir, est doublement sacrée ! Qui de nous
» ne préfère le peu de mots, que lui a enseignés sa
» mère, aux plus belles hymnes qu'il pourrait com-
» poser lui-même. J'ai fait seul ainsi la prière du
» soir et de la mer, pour cette femme qui ne cal-
» cule aucun péril pour s'unir à mon sort, pour
» cette belle enfant qui jouait pendant ce temps sur
» le pont et dans la chaloupe, avec la chèvre qui
» doit lui donner son lait, avec les beaux et doux
» lévriers qui lèchent ses blanches mains, qui mor-
» dillent ses longs et blonds cheveux. »

C'est ainsi que se commença un voyage accompagné de mille vœux pour M. de Lamartine et
pour celles qui lui étaient chères. Tout ce que l'o-
pulence peut procurer de bien-être avait été prodigué pour rendre la route douce et facile à M<sup>me</sup> de
Lamartine et à Julia. Un horrible malheur devait
cependant frapper le poète sur cette terre sainte.
Il y était venu pour courber son front et prier aux
mêmes lieux où le Rédempteur du genre humain
avait accompli son immense sacrifice, et là même

aussi, Dieu lui ôta l'enfant si précieux à son cœur. Seigneur, vos arrêts sont parfois bien rigoureux ! Quoi, ce père, cette mère, désolés, reviendront dans leur patrie, privés de la meilleure partie du bonheur que vous leur aviez accordé ? De ce pèlerinage, entrepris dans des vues pieuses, ils rapporteront un deuil éternel, le plus amer des souvenirs. Dieu, sans doute, en les frappant, leur a cependant prodigué la force et la résignation, car ils n'ont pas proféré un seul reproche ; le père et la mère de Julia ont quitté la terre de douleur, où ils durent à leur tour sacrifier leur bien le plus cher ; la France les a revus, et ce qu'une profonde affliction a laissé percer au dehors de regrets, a donné à tous une leçon de résignation pour un même malheur.

Qu'un voyage sur les côtes de la Méditerrannée, voyage fait uniquement dans l'intention de voir et d'étudier les diverses populations qui baignent ses rivages, serait une excursion attrayante ! — Quelle variété d'aspects dans les milliers de ports ouverts au choix du navire ! — L'Europe, l'Asie, l'Afrique, ont multiplié à l'envie les villes commerçantes entre les sinuosités des rivages ; une nature riche, splendide, diverse jusqu'à l'infini, ravive à tout instant la curiosité des voyageurs. Chaque civilisation se révèle dans la forme des temples, des forteresses, des palais, des châteaux, des maisons et des cabanes, épars et agglomérés sur les rivages. A travers les monuments de la chrétienté, l'Italie laisse voir les ruines splendides des temps héroïques de son histoire. La Grèce raconte encore dans sa désolation moderne la gloire évanouie, et laisse voir à chaque pas ce qu'elle était au temps où florissaient, dans son sein, tous les arts dont on est venu arracher l'héritage à ses fils. Mais toutes les pâles imitations disséminées sur le globe n'ont fait qu'ajouter de nouvelles beautés au reste du Parthénon, aux statues antiques, et aux poëmes d'Homère, — et à ces îles, de formes tour-à-tour gracieuses ou terribles, que la mythologie peupla de ses divinités, que des monuments fabuleux décorent encore. Toutefois il est bon de se tenir sur ses gardes en voguant dans l'Archipel; les pirates, plus redoutables que les dieux détrônés, font une impitoyable guerre à tous les navires d'une force inférieure à la leur. Rhodes, la première ville turque, montre ses minarets entre des forêts de verdure. — On la perd de vue pour se diriger sur Chypre, vantée comme une des plus belles îles de la Méditerrannée; puis les côtes de Syrie ne tardent pas à apparaître aux yeux du navigateur.

Le Liban, cette montagne consacrée par les souvenirs bibliques, se voit d'abord à l'horizon de la belle mer bleue qui s'étend devant les murs de Baïrouth. C'est la terre d'Orient, la terre Sainte que tant de pèlerins sont venus visiter. Entre la chaîne des monts se dessinent des vallées sombres et profondes; les collines se détachent des som-

mités, et sur leurs croupes arrondies se groupent
de grands monastères, des ruines de minarets, et
enfin des villages. Les cèdres du Liban s'élèvent
entre les constructions et les habitations nouvelles.
Les masses de l'architecture turque se mêlent aux
ogives et aux découpures mauresques. C'est tout
le livre de l'antiquité mis en relief devant le voyageur ébloui. A toutes ces richesses il fallait un soleil brûlant, cet air transparent et pur qui ravive
sans cesse le paysage, et donne à la mer de Syrie,
dans ses jours de calme, des reflets d'un éclat sur-
prenant.

Baïrouth est situé sur une colline dont la base
s'étend en pente douce jusqu'à la mer. Des terrasses, qui s'échelonnent jusqu'à mi-côte, sont sur-
montées de lignes de mûriers à soie. Entre les dômes des mosquées s'élèvent des figuiers, des platanes, des orangers et des grenadiers, d'un magnifique développement. Les montagnes déversent,
depuis leurs sommets, des nappes d'eau qui glissent
sur leurs flancs et forment, en se grossissant, des
fleuves ou des torrents destructeurs. Des bois
d'oliviers à la teinte grisâtre font un effet de contraste qui ne nuit pas à l'ensemble du point de vue.

En débarquant, les voyageurs sont avides de
rencontrer des Arabes. C'est un plaisir qui ne se
fait pas attendre. La population de Baïrouth et des
environs couvre les quais, encombre les marchés :
le pittoresque des costumes nationaux charme
ceux qui attachent quelque intérêt à la variété des

civilisations et des usages qu'elles produisent.

A l'extérieur, toutes les demeures présentent sur la rue une fort triste apparence. La porte étroite et surbaissée qui sert d'unique entrée, même au palais, prépare un singulier contraste avec le luxe que recèlent ces demeures. « Un cor-
» ridor obscur conduit à une cour intérieure pa-
» vée en marbre et entourée de divans ou salons
» ouverts; l'été, on jette une tente sur cette cour,
» et c'est là que se tiennent les Arabes pour rece-
» voir les visites; un jet d'eau coule et murmure
» au milieu de la cour; quand il n'y a pas d'eau
» courante, il y a au moins un puits fermé dans un
» des angles. De cette cour, on passe dans plusieurs
» grandes pièces pavées aussi de mosaïques ou de
» dalles de marbre, et décorées, jusqu'à hauteur
» d'appui, ou de marbre sculpté en niches, en pi-
» lastres, en petites fontaines, ou de boiseries de
» cèdre jaune admirablement travaillé; la première
» partie de ce divan est plus basse d'une marche
» que la seconde moitié, et cette seconde moitié
» de l'appartement est défendue par une balus-
» trade en bois élégamment sculptée; les escla-
» ves et les serviteurs se tiennent dans la première
» partie, debout, la tasse de café, le sorbet ou la
» pipe à la main; les maîtres sont assis sur des ta-
» pis, et appuyés sur des coussins dans la seconde.
» En général, au fond de la pièce, on trouve un
» petit escalier de bois, caché dans la boiserie,
» qui conduit à une espèce de tribune haute qui

» occupe le fond de la chambre : cette tribune ouvre
» d'un côté sur la rue par de petites fenêtres en
» ogive garnies de grillages, et du côté de l'ap-
» partement, elle est voilée aussi de grillages en
» bois, où les menuisiers du pays étalent tout l'art
» de leurs dessins et de leur travail. Ces tribunes
» sont très-étroites et ne peuvent contenir qu'un
» divan recouvert de matelas et de coussins
» de soie : c'est là que les riches Turcs ou Arabes
» se retirent pour la nuit ; les autres se contentent de
» faire étendre des coussins par terre, et y dor-
» ment tout habillés, et sans autre couverture que
» les lourdes et belles fourrures dont ils sont ha-
» bituellement vêtus (1). »

De tout ce luxe, rien ne transpire au dehors ;
jamais un musulman ne fait parade de sa richesse,
de peur d'exciter la cupidité des pachas, toujours
prêts à dépouiller leurs sujets pour alimenter leurs
trésors.

Les maisons ordinaires, construites en bois,
avec une terrasse plate sur le sommet, ont aussi
leur petite galerie grillée sur la rue. La pente du
terrain étage les constructions les unes au-dessus
des autres, entre des palmiers qui s'agitent en éventail sur les demeures mystérieuses des femmes
orientales. Aux sons étranges qui s'échappent des
marchés de Baïrouth, on reconnaît au loin que
tout s'est transformé, en changeant de lieu, aussi
bien pour la vue que pour les oreilles. Le cha-

(1) M. de Lamartine.

meau fait entendre son cri sauvage, en pliant ses genoux pour recevoir sa nouvelle charge, avant de reprendre la route du désert. Leurs conducteurs accentuent également des sons inentendus jusque-là.

Des forteresses lézardées laissent passer entre leurs déchirures des figuiers sauvages, des giroflées et de gracieuses lianes. Les couvents maronites avoisinent les santons, lieux de sépulture consacrés par les Turcs. Les courbes du Liban apparaissent toujours à l'horizon, tantôt couronnées de neige, tantôt, dans les plans inférieurs, stériles ou couvertes de végétation.

Devant les cafés, les Turcs, tranquillement assis, s'enveloppent dans les spirales de la fumée de leur pipe; et, à travers les nuages mobiles, ils semblent, le regard à demi éteint, s'absorber dans la contemplation du ciel doré qui s'abaisse sur le magnifique horizon offert à leur vue.

Hors de l'enceinte de Baïrouth, et guidé par un drogman accoutumé à diriger les étrangers vers les endroits les plus remarquables, il faut se placer d'abord en regard du château de Baïrouth, à l'endroit où ce monument produit son plus bel effet. Ce château, d'architecture mauresque, domine une hauteur; les pentes du terrain sont couvertes de bois d'orangers, de citronniers, d'aloës, de platanes, qui s'étendent jusque sur les bords de la mer, autour de la baie, qui ressemble à un beau lac, quand on la voit de la colline du château.

Le terrain est jonché de jacinthes sauvages, de bruyères de toutes couleurs ; les caroubiers et les cèdres se dessinent sur les arêtes des montagnes ; de grands aigles volent dans l'espace ; l'air leur semble si léger, qu'ils ont à peine besoin de remuer leurs ailes pour soutenir leur vol.

A des distances prodigieuses, on distingue chaque incident qui survient dans le paysage, tant la sérénité de l'air atmosphérique jette de lumière sur les objets. Si une caravane passe sur les arêtes des montagnes, vous pouvez suivre les mouvements du chameau, compter les voyageurs, apprécier la vîtesse des chevaux, et reconnaître les familles juives, auxquelles il n'est jamais permis d'employer d'autres montures que des ânes. Des haies de nopals, de cactus, de pins laryx, se détachent par bouquets dans les plaines et sur les revers des hautéurs. Entre des murs à demi ruinés, pendent des lichens en fleurs, des lierres terrestres, de la vigne sauvage, des plantes bulbeuses, à fleurs de toutes nuances, à grappes, qui semblent unir leurs efforts pour tresser leurs guirlandes partout où les ruines commencent.

Une forêt de pins parasols est plantée du côté du Liban, pour servir de digue aux amoncellements de sable qui menaçaient autrefois d'engloutir Baïrouth. Du côté de ces plantations, des collines de sable attestent que ce système de défense était d'une urgente utilité.

La campagne est peuplée de maisons toutes bâties sur le même modèle. Un souterrain sert de cuisine, il est surmonté d'une chambre à coucher. Le toit plat serf de point de réunion à la famille, logée dans ces demeures exigües. Quelques mûriers et des oliviers sont plantés devant leurs maisons. Entre leurs troncs, sur trois pierres, s'établit le foyer pour préparer les aliments. Une natte de paille, attachée du mur à l'arbre le plus voisin, dessine un hangar sous lequel se fait le ménage. Les femmes et les jeunes filles sont là tout le jour accroupies, occupées à peigner leurs longs cheveux, à les tresser, à blanchir leurs voiles, à tisser de la soie, à nourrir leurs poules ou à jouer entre elles. Au costume près, on se croirait encore dans un village de France, par une de nos plus belles soirées d'été : ce sont les mêmes habitudes ; seulement, elles sont permanentes en Syrie.

Pour parcourir les campagnes, et même pour sortir dans la ville, un Arabe, ainsi qu'un voyageur de distinction, ne sortent jamais à pied. Un saïs (palfrenier) tient toujours prête la monture de son maître, et rien n'égale le luxe de l'enharnachement du cheval d'un riche Arabe. Une selle de velours, brodée de soie et de perles, est retenue par des brides de maroquin élégamment travaillées et relevées, ainsi que le reste des harnais, de plaques d'argent. D'autres petites plaques du même métal, travaillées en bosse, flottent en guirlandes sur le poitrail du cheval, et résonnent au moindre mouvement du noble animal.

Quand les cavaliers courent le djérid sur des chevaux ainsi préparés, une brillante escorte les accompagne, et des enfants, vêtus d'étoffe rouge, dansent devant les joûteurs, au son du fifre et du tambour.

Le fils de Méhémet-Ali, Ibrahim-Pacha, voyage dans toute la Syrie, dont il est maître. Tant qu'il est vainqueur, les pachas et les émirs le traitent en souverain; mais si la fortune lui devenait contraire, tout rentrerait bientôt dans l'alliance turque. Lorsque le pacha d'Égypte vint à Baïrouth pour se rendre à Homs, entre Alep et Damas, « comme il traversait un chemin creux, dont les » douves sont couvertes de racines grimpantes et » d'arbustes enlacés, un énorme serpent est sorti » des broussailles et s'est avancé lentement, en » rampant sur le sable, jusque sous les pieds du » cheval d'Ibrahim. Le cheval, épouvanté, s'est » cabré, et quelques esclaves qui suivaient à pied » le pacha se sont élancés pour tuer le serpent; » mais Ibrahim les a arrêtés d'un geste, et, tirant » son sabre, il a coupé la tête du reptile, qui se » dressait devant lui, et a foulé les tronçons sous » les pieds de son cheval. La foule a poussé un » cri d'admiration, et Ibrahim, le sourire sur les » lèvres, a continué sa route, enchanté de cette » circonstance, qui est l'augure assuré de la vic- » toire chez les superstitieux Arabes. Ce peuple ne » voit aucun accident de la vie, aucun phénomène

» naturel, sans y attacher un sens prophétique et
» moral. »

Une anecdote, qui peint également les mœurs
arabes, va trouver sa place ici. C'est l'histoire
d'Aboulias, le cuisinier de M. de Lamartine.

» Il était chrétien, jeune et intelligent; il avait
» établi à Alep un petit commerce d'étoffes du
» pays, qu'il allait vendre lui-même, monté sur un
» âne, parmi les tribus d'Arabes errans qui vien-
» nent l'hiver camper dans les plaines des environs
» d'Antioche. Son commerce prospérait; mais sa
» qualité d'infidèle lui donnant quelque inquié-
» tude, il jugea à propos de s'associer à un Arabe
» mahométan d'Alep. Le commerce n'en alla que
» mieux, et Aboulias se trouva, au bout de quel-
» ques années, un des marchands les plus accré-
» dités du pays. Mais il était épris d'une jeune
» Grecque-Syrienne; on ne voulait la lui accorder
» qu'à la condition de quitter Alep, et de venir
» s'établir dans les environs de Saïde, où demeu-
» rait la famille de sa belle fiancée. Il fallut liqui-
» der sa fortune : une querelle s'éleva entre les
» deux associés pour le partage des richesses ac-
» quises en commun. L'Arabe mahométan dressa
» une embûche au pauvre Aboulias; il aposta des
» témoins cachés, qui, dans une dispute avec son
» associé, l'entendirent blasphémer Mahomet,
» crime mortel pour un infidèle. Aboulias fut mené
» au pacha, et condamné à être pendu. La sen-

» tence fut exécutée ; mais la corde ayant cassé, le
» malheureux Aboulias tomba au pied de la po-
» tence, et fut laissé pour mort sur la place des
» exécutions. Cependant, les parents de sa fiancée,
» ayant obtenu du pacha que son cadavre leur
» serait remis pour l'ensevelir avec les formes de
» leur religion, emportèrent le corps dans leur
» maison, et s'apercevant qu'Aboulias donnait
» encore des signes de vie, ils le ranimèrent, le
» cachèrent dans une cave pendant quelques jours,
» et enterrèrent un cercueil vide pour ne donner
» aucun soupçon aux Turcs. Mais ceux-ci avaient
» eu quelque vent de la supercherie, et Aboulias
» fut de nouveau arrêté, au moment où il s'échap-
» pait la nuit des portes de la ville. Conduit au
» pacha, il lui conta comment il avait été sauvé
» indépendamment de toute volonté de sa part ; le
» pacha, d'après un texte du Coran, qui était fa-
» vorable à l'accusé, lui donna l'alternative ou
» d'être pendu une seconde fois, ou de se faire
» Turc. Aboulias préféra ce dernier parti, et pra-
» tiqua pendant quelque temps l'islamisme. Lors-
» que son aventure fut oubliée, et sa conversion
» bien constatée, il trouva moyen de s'évader
» d'Alep et de s'embarquer pour l'île de Chypre,
» où il se fit de nouveau chrétien. Il épousa la
» femme qu'il aimait, se fit protéger des Français,
» et put reparaître impunément en Syrie, où il
» continuait sont commerce de colporteur parmi
» les Druses, les Maronites et les Arabes.

» Comme cuisinier, état qu'Aboulias exerçait à
» l'occasion, ses talents n'étaient pas très-variés.
» Il savait faire du feu en plein champ avec des ar-
» bustes épineux ou de la fiente de chameau des-
» séchée, suspendait une marmite de cuivre sur
» deux bâtons croisés à leurs extrémités, faisait
» bouillir ensemble du riz, des poulets ou des
» morceaux de mouton. Aboulias chauffait encore
» des cailloux dans le feu, jusqu'à ce qu'ils fussent
» presque rouges ; alors il les enduisait d'une pâte
» de farine d'orge pétrie à l'avance, et cette pré-
» paration remplaçait le pain pour les voyageurs. »

Habituellement, les bains publics des villes de
Syrie sont réservés le matin, jusqu'à une certaine
heure, pour les femmes. Quand un mariage un
peu considérable a lieu, les fêtes nuptiales sont
précédées d'un bain solennel, où l'on invite quelquefois jusqu'à deux cents femmes. Elles arrivent
tout enveloppées d'un grand drap de toile blanche
qui recouvre en entier leurs riches costumes. Entrées dans le vestibule, elles apparaissent dans tout
leur éclat. Un large pantalon de satin rayé est retenu par une ceinture de soie habituellement
rouge ; des bracelets d'or ou d'argent le retiennent
froncé au-dessus de la cheville. La robe, brochée
en or, est ouverte sur le devant ; les manches,
serrées d'en haut, sont fendues depuis le coude
jusqu'au poignet, pour laisser passer une chemise
de gaze de soie qui couvre également la poitrine.
Pour dernier vêtement, elles portent une veste

de velours encore ouverte sur les manches, et doublée d'hermine ou de martre, et brodée sur toutes les coutures. Sur leurs cheveux, partagés au milieu du front, retombant en nattes, que des rubans accompagnent, les femmes mettent quelquefois des calottes d'or ciselé, ornées d'un gland d'or avec une houppe de perles. L'or étincelle sur les bras, la poitrine et les vêtements des Syriennes; les sequins et les pierreries les couvrent avec plus de profusion que de grâce.

Quand toute la société attendue est réunie, on fait entendre une musique de fifres et de tambours, dont le son est peu flatteur pour des oreilles européennes. Cependant, c'est véritablement alors que l'animation et le tumulte des invitées annoncent le plaisir qu'elles prennent à ces fêtes.

La fiancée arrive la dernière, accompagnée de sa mère et de ses jeunes amies. Quand elle est riche, sa parure est d'une magnificence inexprimable. Les femmes, restées jusque-là groupées sur les nattes et les coussins de la pièce d'attente, entourent l'héroïne de la fête et la félicitent. Après les premiers compliments, les esclaves commencent à retrancher peu à peu les ornements de sa toilette. Chaque femme appelle ses suivantes pour se livrer aux mêmes soins, et les cérémonies du bain commencent. La musique et les chants bizarres accompagnent les baigneuses, qui passent d'une salle où la vapeur les enveloppe, dans une salle d'ablution. Il va sans dire que l'orchestre est

féminin. Dans une troisième pièce, des eaux par-
fumées et savoureuses coulent à profusion sur les
cheveux et sur le corps des Syriennes. Pendant
cette dernière cérémonie, elles jouent entre elles
à s'éclabousser, à se jeter de l'eau au visage, et le
tumulte toujours croissant de la musique accompagne les éclats de rire joyeux. Après le bain, les
esclaves tressent de nouveau les cheveux de leurs
maîtresses; les colliers, les bracelets, reprennent
leur place; la soie, le velours et les gazes brodées
d'or recouvrent les jeunes Arabes. Elles s'asseyent
sur des coussins moelleux, et les esclaves sortent
des paniers couvert, les mets apportés pour la col-
lation. Les pâtisseries, les confitures exquises,
circulent dans l'assemblée; des sorbets et toutes sortes de boissons glacées sont distribués. On voit les
femmes âgées prendre des pipes et des narguiles,
et bientôt elles répandent des nuages odoriférants
sur toute l'assemblée. Les tasses à café sont passées dans des vases à jour en fil d'or et d'argent
d'un travail délicat. Une fois le repas commencé,
des danseuses se succèdent et exécutent de mono-
tones évolutions, en présence des femmes qui se
livrent à d'intimes causeries au milieu des mêmes
délassements jusqu'à la fin du jour.

« Hors ces solennités, les bains sont fréquentés
» dans la journée par les hommes. Les salles de ces
» établissements sont éclairées d'un faible jour par
» de petits dômes à vitraux peints; elles sont pa-
» vées de marbre à compartiments de diverses cou-

» leurs, travaillés avec beaucoup d'art. Les mu-
» railles sont revêtues aussi de marbre en mo-
» saïque, ou sculpté en moulures ou en colonnettes
» mauresques. Ces salles sont graduées de chaleur :
» les premières, la température de l'air extérieur ;
» les secondes, tièdes ; les autres successivement
» plus chaudes jusqu'à la dernière, où la vapeur de
» l'eau, presque bouillante, s'élève des bassins et
» remplit l'air de sa chaleur étouffante. En géné-
» ral, il n'y a pas de bassin creusé au milieu des
» salles ; il y a seulement des robinets coulant tou-
» jours, qui versent, sur le plancher de marbre,
» environ un demi-pouce d'eau. Cette eau s'écoule
» ensuite par des rigoles, et est sans cesse renou-
» velée. Ce qu'on appelle bains dans l'Orient n'est
» pas une immersion complète, mais une aspersion
» successive plus ou moins chaude et l'impression
» de la vapeur sur la peau. »

A la description des bains de Baïrouth, M. de
Lamartine joint aussi les détails d'une noce grecque-syrienne. « La cérémonie a commencé par une
» longue procession de femmes grecques, arabes
» et syriennes, qui sont venues, les unes à cheval,
» les autres à pied, par les sentiers d'aloès et de
» mûriers, assister la fiancée pendant cette fati-
» gante journée. Depuis plusieurs jours et plu-
» sieurs nuits déjà, un certain nombre de ces fem-
» mes ne quittent pas la maison d'Habid, père de
» la fiancée, et ne cessent de faire entendre des
» cris, des chants, de gémissements aigus et pro-

» longés, semblables à ces éclats de voix que les
» vendangeurs et les faneurs poussent sur les co-
» teaux de notre France pendant les récoltes. Ces
» clameurs, ces plaintes, ces larmes et ces joies
» convenues, doivent empêcher la mariée de dor-
» mir plusieurs nuits avant la noce. Les vieillards
» et les jeunes gens de la famille de l'époux en font
» autant de leur côté, et ne lui laissent prendre
» aucun repos depuis plusieurs jours.

» Introduits dans le jardin de la maison d'Habid,
» on a fait entrer les femmes dans l'intérieur des
» divans pour faire leurs compliments à la jeune
» fille, admirer sa parure et voir les cérémonies.
» Les hommes sont restés dans la cour, ou bien
» on les a fait entrer dans un divan inférieur. Là,
» une table était dressée à l'européenne, chargée
» d'une multitude de fruits confits, de gâteaux au
» miel et au sucre, de liqueurs et de sorbets, et
» pendant toute la soirée, on renouvela cette col-
» lation à mesure que les nombreux visiteurs
» l'épuisèrent. »

L'archevêque grec donnait la bénédiction nuptiale. Les deux époux se tenaient agenouillés devant ce vieillard d'aspect très-vénérable. A travers
son voile de gaze d'or, la fiancée pouvait voir dis-
tinctement les traits de son époux; pour lui, il aperçut un seul instant la femme qu'il choisissait sans la
connaître. Le hasard lui était favorable; la jeune
fille était parfaitement belle, et l'expression de son
visage annonçait une grande douceur.

Ce n'est que huit jours après la bénédiction nuptiale, qu'il est permis au mari de conduire sa femme dans sa demeure.

Un des épisodes les plus curieux du voyage de M. de Lamartine, est sa visite à lady Esther Stanhope. L'existence que cette femme s'est faite en Orient est d'une originalité remarquable.

Sans qu'on ait jamais connu le motif qui lui a fait quitter sa patrie, Lady Esther voyagea longtemps dans l'Europe. Aucune sollicitation ne la décida à se marier. Jeune, belle, immensément riche, sa haute naissance, son esprit et ses connaissances lui attiraient vainement une foule d'admirateurs; tous furent repoussés. Un goût prononcé pour les aventures étranges porta Lady Stanhope à reculer encore les limites de ses excursions; familiarisée avec les plus belles villes du monde civilisé, elle partit pour Constantinople, où elle passa quelques années. De là, elle voulait aller en Syrie; un navire anglais la reçut à son bord avec des valeurs immenses en or, en bijoux et présents de toute espèce. « La tempête assaillit le navire » dans le golfe de Macri, sur la côte de Caramanie, » en face de l'île de Rhodes : il échoua sur un » écueil à quelques milles du rivage. Le vaisseau » fut en peu d'instants brisé, et les trésors de Lady » Stanhope furent engloutis dans les flots; elle-» même échappa avec peine à la mort, elle fut » portée sur les débris du bâtiment à une petite île » déserte, où elle passa vingt-quatre heures sans

» aliments et sans secours. Enfin, des pêcheurs de
» Marmorija, qui recherchaient les débris du nau-
» frage, la découvrirent et la conduisirent à Rho-
» des, où elle se fit reconnaître du consul anglais.
» Ce déplorable événement n'attiédit pas sa réso-
» lution; elle se rendit à Malte, de là en Angle-
» terre. Elle rassembla les débris de sa fortune,
» elle vendit à fonds perdu une partie de ses do-
» maines, chargea un second navire de richesses
» et de présents pour les contrées qu'elle devait
» parcourir, et elle mit à la voile. Le voyage fut
» heureux, et elle débarqua à Latakié, l'ancienne
» Laodicée, sur la côte de Syrie et d'Alexandrette.
» Elle s'établit dans les environs, apprit l'arabe,
» s'entoura de toutes les personnes qui pouvaient
» lui faciliter des rapports avec les différentes po-
» pulations arabes, druses, maronites, du pays, et
» se prépara à des voyages de découverte dans les
» parties les moins accessibles de l'Arabie, de la
» Mésopotamie et du désert.

» Quand elle fut bien familiarisée avec la langue,
» le costume, les mœurs et les usages du pays, elle
» organisa une nombreuse caravane, chargea des
» chameaux de riches présents pour les Arabes, et
» parcourut toutes les parties de la Syrie. Elle sé-
» journa à Jérusalem, à Damas, à Alep, à Homs,
» à Balbeck, à Palmyre; ce fut dans cette dernière
» station, que les nombreuses tribus d'Arabes er-
» rants qui lui avaient facilité l'accès de ces ruines,
» réunies autour de sa tente, au nombre de qua-

» rante ou cinquante mille, et charmées de sa
» beauté, de sa grâce et de sa magnificence, la
» proclamèrent reine de Palmyre, et lui délivrè-
» rent des firmans, par lesquels il était convenu que
» tout Européen protégé par elle, pouvait venir
» en toute sûreté visiter le désert et les ruines de
» Balbeck et de Palmyre, pourvu qu'il s'engageât
» à payer un tribut de mille piastres. Ce traité
» existe encore, et serait fidèlement exécuté par
» les Arabes, si on leur donnait des preuves posi-
» tives de la protection de Lady Stanhope.

» A son retour de Palmyre, elle faillit cependant
» être enlevée par une tribu nombreuse d'autres
» Arabes ennemis de ceux de Palmyre. Elle fut
» avertie à temps par un des siens, et dut son sa-
» lut et celui de sa caravane à une marche forcée
» de nuit, et à la vîtesse incroyable de ses chevaux,
» qui franchirent un espace immense dans le dé-
» sert en vingt-quatre heures. Elle revint à Damas,
» où elle résida quelques mois sous la protection
» du pacha turc, à qui la Porte l'avait vivement
» recommandée.

» Après une vie errante dans toutes les contrées
» de l'Orient, lady Esther Stanhope se fixa enfin
» dans une solitude presque inaccessible, sur une
» des montagnes du Liban, voisine de Saïde, l'an-
» tique Sidon. Le pacha de Saint-Jean d'Acre, Ab-
» dallah-pacha, qui avait pour elle un grand respect
» et un dévouement absolu, lui concéda les restes
» d'un couvent et le village de Djioun, peuplé par

» des Druses. Elle y bâtit plusieurs maisons, en-
» tourées d'un mur d'enceinte, semblable à nos for-
» tifications du moyen âge. Elle y créa artificielle-
» ment un jardin charmant, à la mode des Turcs,
» jardin de fruits et de fleurs, berceaux de vigne,
» kiosques enrichis de sculptures et de peintures
» arabesques, eaux courantes dans des rigoles de
» marbre, jets d'eau au milieu des pavés des kios-
» ques, voûtes d'orangers, de figuiers, de citron-
» niers. Là, lady Stanhope vécut plusieurs années
» dans un luxe tout-à-fait oriental, entourée d'un
» grand nombre de drogmans européens ou ara-
» bes, d'une suite nombreuse de femmes, d'esclaves
» noirs, et dans des rapports d'amitié, et même de
» politique, entretenus avec la Porte, avec Abdal-
» lah-Pacha, avec l'émir Beschir, souverain du Li-
» ban, et surtout avec les scheiks arabes des déserts
» de Syrie et de Bagdad.

» Bientôt sa fortune, considérable encore, di-
» minua par le dérangement de ses affaires qui
» souffrirent de son absence; elle se trouva ré-
» duite à trente ou quarante mille livres de rente,
» qui suffisent encore, dans ce pays-là, au train
» que lady Stanhope est obligée de conserver.
» Cependant, les personnes qui l'avaient accompa-
» gnée d'Europe moururent ou s'éloignèrent; l'a-
» mitié des Arabes, qu'il faut entretenir sans cesse
» par des présens et du prestige, s'attiédit; les
» rapports devinrent moins fréquents, et lady
» Esther tomba dans un complet isolement; elle

» ne songe cependant pas à revenir sur ses pas. La
» trempe héroïque de son caractère montra toute
» l'énergie, toute la constance de résolution de son
» âme. Elle ne donna pas un regret au monde et
» au passé ; elle ne fléchit pas sous l'abandon, sous
» l'infortune, sous la perspective de la vieillesse et
» de l'oubli des vivants : elle demeura seule où
» elle est encore, sans livres, sans journaux, sans
» lettres d'Europe, sans amis, sans serviteurs
» même attachés à sa personne, entourée seulement
» de quelques négresses et de quelques enfants
» esclaves noirs, et d'un certain nombre de
» paysans arabes pour soigner son jardin, ses che-
» vaux, et veiller à sa sûreté personnelle. » On
pense généralement qu'à ses idées religieuses, lady
Esther Stanhope a laissé se mêler quelques-unes
des croyances astrologiques de l'Orient. Quoi qu'il
en soit, son nom est un grand nom en Syrie et
parmi les Arabes, et le monde civilisé s'occupe
encore avec étonnement de cette femme. Rien
n'est plus difficile aux Européens que d'être admis
auprès d'elle ; elle se refuse à toute communication avec les femmes, et même avec les membres
de sa famille, qui ont tenté de la revoir, sans doute
pour l'engager à revenir dans sa patrie. Un message de M. de Lamartine a trouvé immédiatement
grâce devant l'illustre recluse, et la retraite de
lady Esther s'est ouverte à la prière de notre
poète voyageur.

Pour se rendre à Djioun, il faut franchir une

chaîne de mamelons qui forcent à remonter et descendre de ravins en collines, par une route que des torrents ravagent, que les vents dessèchent, et qui n'offre qu'une scène perpétuelle de désolation. Djioun, montagne située dans la plus large des vallées environnantes, montre des pentes crayeuses ou des bancs de rochers, de sa base à son sommet; sur le plateau, cependant, une végétation belle et gracieuse révèle tous les soins de l'art, et au milieu des ombrages s'élève le kiosque, demeure de la Circé du désert. De près, les bâtiments contigus à l'édifice dominant, offrent un assemblage confus de maisonnettes contenant une ou deux chambres, et séparées des autres logements par de petits jardins.

M. de Lamartine fut conduit dans une cellule sans jour et sans autre meuble qu'un divan. Deux heures après son arrivée, on l'introduisit devant lady Esther. « Une si profonde obscurité régnait » dans le cabinet où le conduisit un enfant nègre » de huit ans, que le voyageur put à peine distinguer les traits nobles, graves, doux et majestueux, de la figure blanche qui, en costume » oriental, se leva du divan, et s'avança en lui » tendant la main. Lady Esther paraît avoir cinquante ans; elle a de ces traits que les années ne » peuvent altérer : la fraîcheur, la couleur, la » grâce, s'en vont avec la jeunesse; mais quand » la beauté est dans la forme même, dans la pureté des lignes, dans la dignité, dans la ma-

» jesté, dans la pensée d'un visage d'homme ou
» de femme; la beauté change aux différentes
» époques de la vie, mais elle ne passe pas. Telle
» est celle de lady Stanhope. Elle avait sur la tête
» un turban blanc, sur le front une bandelette de
» laine couleur pourpre, et retombant de chaque
» côté de la tête jusque sur les épaules. Un long
» châle de cachemire jaune, une immense robe
» turque de soie blanche à manches flottantes,
» enveloppaient sa personne dans des plis simples
» et majestueux, et l'on apercevait, seulement
» dans l'ouverture que laissait cette première tu-
» nique sur sa poitrine, une seconde robe d'étoffe
» de Perse à mille fleurs qui montait jusqu'au cou
» et s'y attachait par une agrafe de perles. Des bot-
» tines turques de maroquin jaune brodé en soie
» complétaient ce beau costume oriental, qu'elle
» portait avec la liberté et la grâce d'une personne
» qui n'en a pas revêtu d'autre depuis sa jeunesse. »

Après une longue conversation pleine d'intérêt, un noir entra et avertit lady Esther, en se couchant devant elle, le front sur le tapis, les mains sur la tête, que le repas de l'étranger était servi. Ce repas était dressé sous un berceau de jasmin et de lauriers-roses. Lady Esther, qui ne se met jamais à table et vit seulement de pain et de fruits, pria son hôte de ne pas compter sur sa société pour prendre son repas; mais bientôt elle le fit prévenir qu'elle l'attendait de nouveau. En véritable Orientale, lady Stanhope fumait une longue

pipe lorsque le voyageur revint auprès d'elle. C
présenta une autre pipe à M. de Lamartine, et
conversation s'engagea de nouveau entre eux. D
esclaves nègres apportèrent, de quart-d'heure e
quart-d'heure, des tasses de café. Ce plaisir épuis
lady Stanhope conduisit son hôte dans ses jar
dins. Ils y descendirent par quelques marches,
M. de Lamartine parcourut avec elle, dans un vé
ritable enchantement, un des plus beaux jardir
turcs qu'il eût encore vus en Orient. « Des treille
» sombres, dont les voûtes de verdure portaien
» comme des milliers de lustres, les raisins étince
» lants de la terre-promise; des kiosques où le
» arabesques sculptées s'entrelaçaient aux jasmir
» et aux plantes grimpantes, lianes de l'Asie; de
» bassins de marbre où une eau artificielle, il es
» vrai, venait d'une lieue de loin murmurer e
» jaillir dans les jets d'eau; des allées jalonnées d
» tous les arbres fruitiers de l'Angleterre, de l'Eu
» rope, de ces beaux climats; de vertes pelouse
» semées d'arbustes en fleur, et des compartimen
» de marbre entourant des gerbes de fleurs orien
» tales. »

La conversation de lady Stanhope était d'u
vif intérêt. L'isolement a agi sur elle d'une ma
nière bizarre; elle s'est livrée à l'astrologie, e
parle toujours avec un mélange d'expression
mystiques qui forment un singulier contraste ave
le bon sens éclairé et l'esprit élevé que révèlent se
ugements.

En quelque lieu que M. de Lamartine dirigeât ses courses, il était assuré d'être reçu avec distinction. Lady Stanhope venait de lui faire ses adieux; il redescend le Djioun pour gravir de nouvelles montagnes de la chaîne du Liban, afin de se rendre à Deïr-el-Kammar, ou Couvent de la Lune, palais de l'émir Beschir, prince souverain des Druses et de toutes les montagnes du Liban. Tout le pays semble convulsionné; des lits de torrents, habituellement à sec, sont parsemés de quartiers de rochers éboulés dans les jours d'orage. Ces masses granitiques, précipitées des montagnes, précèdent la chute de nouvelles avalanches que l'on voit, en frémissant, suspendues sur les vallées étroites qui séparent les monts. L'immobilité, le silence, un aspect aride, désolé, donnent à ce tableau quelque chose de sinistre. On se croirait sur une terre frappée de mort par la colère céleste. A une scène de deuil succéda une scène d'enchantement, lorsque le voyageur arriva, au tournant d'une colline, devant le palais de l'émir.

Ici la végétation recouvrait partout la terre. Une campagne délicieuse, environnée de coteaux ombragés de mûriers, de figuiers et de vignes, s'étendait à perte de vue dans l'espace. Une chute d'eau écumeuse se précipitait, de l'écluse d'un moulin, dans les profondeurs de la vallée. De beaux villages étendaient leurs terrasses sur les déclivités des montagnes qui entouraient la vallée de Deïr-el-Kammar. Sur un des côtés ouverts

l'horizon se perdait vers la mer bleue de la Syrie. « Au fond de l'immense vallée s'élève la col-
» line de Dptédin, qui porte le palais de l'émir.
» Ce palais mauresque s'étend majestueusement
» sur tout le plateau de Dptédin, avec ses tours
» carrées percées d'ogives crénelées à leur som-
» met. Ses longues galeries s'élèvent les unes sur
» les autres, et présentent de longues files d'ar-
» cades, élancées et légères comme les tiges des
» palmiers qui les couronnent de leurs panaches
» aériens. Ses vastes cours descendent en degrés
» immenses, depuis le sommet de la montagne
» jusqu'aux murs d'enceinte des fortifications. A
» l'extrémité de la plus grande de ces cours, la
» façade irrégulière du palais des femmes se pré-
» sente ornée de légères et gracieuses colonnade,
» dont les troncs minces et effilés, de formes va-
» riées et inégales, se dressent jusqu'aux toits
» et portent comme un parasol les légères tentu-
» res de bois peint qui servent de portique à ce
» palais. Un escalier de marbre décoré de balus-
» trades sculptées en arabesques conduit de ce
» portique à la porte du palais des femmes. Cett
» porte, sculptée en bois de diverses couleurs, en-
» cadrée dans le marbre et surmontée d'inscrip-
» tions arabes, était entourée d'esclaves noirs, vê-
» tus magnifiquement, armés de pistolets argenté
» et de sabres de Damas étincelants d'or et de ci
» selures ; les vastes cours qui faisaient face au pa
» lais étaient remplies elles-mêmes d'une foul

» de serviteurs, de courtisans, de prêtres et de
» soldats sous les costumes variés et pittoresques
» que les six populations du Liban affectent : le
» druse, le chrétien, l'arménien, le grec, le ma-
» ronite, le métualis. Cinq à six cents chevaux
» arabes étaient attachés par les pieds et par la
» tête à des cordes tendues qui traversaient les
» cours, sellés, bridés et couverts de housses écla-
» tantes de toutes couleurs; quelques groupes de
» chameaux, les uns couchés, les autres debout,
» d'autres à genoux pour se faire charger ou dé-
» charger; et sur la terrasse la plus élevée de la
» cour intérieure, quelques jeunes pages, courant
» à cheval les uns sur les autres, se lançaient le
» djérid, s'évitaient en se couchant sur leurs che-
» vaux, revenaient à toute bride sur leur adver-
» saire désarmé, et faisaient avec une grâce et une
» vigueur admirable toutes les évolutions rapides
» que ce jeu militaire exige.

» Des Arabes armés de fusils et de longues ar-
» mes légères, semblables à la tige d'un long ro-
» seau, gardaient la porte massive de la première
» cour du palais. »

Averti de l'arrivée des étrangers par les lettres
qui lui furent remises, l'émir les envoya recevoir
par son médecin, un Syrien né de parents français.
On conduisit M. de Lamartine dans un appartement de trois petites pièces et d'un divan ouvert
sur une cour ornée de pilastres arabesques, avec
une fontaine jaillissante au milieu, coulant dans un

large bassin de marbre. Le divan est un appartement plus large que les autres, formé par une ar-
cade que rien ne ferme; c'est une transition entre
la maison et la rue. Les musulmans s'y tiennent à
l'ombre, faute d'avoir l'industrie de planter des
jardins près de leurs demeures. Si à l'extérieur
tout est splendide dans le palais de l'émir, l'intérieur est nu, dépouillé, et les hôtes du prince de
Dptédin n'avaient ni lits, ni chaises, ni tables; les
fenêtres dégarnies de vitres laissaient en toute saison passage au vent, et l'hiver est très-rigoureux
dans les montagnes. De la terre battue, inégale,
mêlée de paille hachée, servait de plancher, et les
murailles lézardées, décrépites, attristaient singu-
lièrement cette demeure.

« Des esclaves apportèrent des nattes de jonc,
» les étendirent à terre, et les recouvrirent de ta-
» pis de Damas. Ils apportèrent ensuite une petite
» table de Bethléem, en bois incrusté de nacre
» de perles. Ces tables n'ont pas un demi-pied de
» diamètre, et pas davantage d'élévation; elles res-
» semblent à un tronçon de colonne brisée, et ne
» peuvent porter qu'un plateau sur lequel les mu-
» sulmans placent les cinq ou six plats dont leur
» dîner se compose. »

Pour se rendre chez l'émir, qui attendait son
hôte, M. de Lamartine traversa une vaste cour
ornée de fontaines, et un portique formé de hautes
colonnes grêles, qui partent de terre et portent
le toit du palais. La salle d'introduction était très-

belle, pavée en marbre ; les plafonds resplendis-
saient d'arabesques vives et élégantes, exécutées
par un peintre de Constantinople. « Des jets d'eau
» murmuraient dans les angles de l'appartement,
» et dans le fond, derrière une colonnade, dont
» les entre-colonnements étaient grillés et vitrés,
» on apercevait un tigre énorme, dormant la tête
» appuyée sur ses pattes croisées. La moitié de la
» chambre était remplie de secrétaires avec leurs
» longues robes et leur écritoire d'argent passée
» en guise de poignard dans leur ceinture, d'A-
» rabes richement vêtus et armés, de nègres, de
» mulâtres attendant les ordres de leur maître,
» et de quelques officiers égyptiens revêtus de
» vestes européennes, et coiffés du bonnet grec de
» drap rouge, avec une longue houppe bleue pen-
» dant jusque sur les épaules. L'autre partie de
» l'appartement était plus élevée d'environ un
» pied, et un large divan de velours rouge régnait
» tout autour. L'émir était accroupi à l'angle de
» ce divan. C'était un beau vieillard à l'œil vif et
» pénétrant, au teint frais et animé, à la barbe
» grise et ondoyante ; une robe blanche, serrée
» par une ceinture de cachemire, le couvrait tout
» entier, et le manche éclatant d'un long et large
» poignard sortait des plis de sa robe, à la hauteur
» de la poitrine, et portait une gerbe de diamants
» de la grosseur d'une orange. » Après avoir reçu
avec grâce le salut de l'illustre voyageur, l'émir
l'invita du geste à s'asseoir près de lui sur le di-

van ; un interprète se mit à genoux entre le prince
et M. de Lamartine, et la conversation s'établit.
La guerre engagée entre le pacha d'Egypte, Méhémet-Ali, et le sultan, occupait surtout l'émir ; il
questionna M. de Lamartine sur cette matière avec
une grande intelligence. On apporta du café et de
longues pipes, qui furent plusieurs fois renouvelées
pendant l'entretien, qui dura près d'une heure,
sans changer de sujet.

En se rendant au bain, l'émir proposa à M. de
Lamartine d'y venir avec lui ; son refus lui ayant
rendu la liberté, il alla avec un des écuyers visiter
les cours et les écuries où les magnifiques chevaux
arabes étaient enchaînés.

« Il faut, dit M. de Lamartine, avoir visité les
» écuries de Damas ou celles de l'émir Beschir
» pour avoir une idée du cheval arabe ; ce superbe
» et gracieux animal perd de sa beauté, de sa dou-
» ceur et de sa forme pittoresque, quand on le
» transplante de son pays natal et de ses habitudes
» familières dans nos climats froids, et dans l'om-
» bre et la solitude de nos écuries. Il faut aussi
» le voir à la porte de la tente des Arabes du dé-
» sert, la tête entre les jambes, secouant sa longue
» crinière noire comme un parasol mobile, et ba-
» layant ses flancs polis comme du cuivre ou comme
» de l'argent, avec le fouet tournant de sa queue,
» dont l'extrémité est toujours teinte en pourpre
» avec le henné. Il faut le voir vêtu de ses housses
» éclatantes, relevées d'or et de broderies de per-

» les; la tête couverte d'un réseau de soie bleue
» ou rouge, tissé d'or ou d'argent, avec des aiguil-
» lettes sonores et flottantes qui tombent de son
» front sur ses naseaux, et dont il voile ou dévoile
» tour-à-tour, à chaque ondulation de son cou, le
» globe enflammé, immense, intelligent, doux et
» fier de son œil à fleur de tête; il faut le voir sur-
» tout en masse, comme il était là, de deux à trois
» cents chevaux, les uns couchés dans la poussière
» de la cour, les autres entravés par des anneaux
» de fer, et attachés à de longues cordes qui tra-
» versaient ces cours, d'autres échappés sur le sable,
» et franchissant d'un bond des files de chameaux
» qui s'opposaient à leur course; ceux-ci tenus à
» la main par de jeunes esclaves noirs vêtus de
» vestes écarlates, et reposant leurs têtes cares-
» santes sur ces enfants; ceux-là jouant libres et
» sans laisse, comme des poulains dans une prai-
» rie, se dressant l'un contre l'autre, en se frot-
» tant le front contre le front ou se léchant mu-
» tuellement leur beau poil luisant et argenté;
» tous nous regardant avec une attention in-
» quiète et curieuse, à cause de nos costumes eu-
» ropéens et de notre langue étrangère, mais se
» familiarisant bientôt en venant tendre leur cou
» aux caresses et au bruit flatteur de notre main.
» C'est une chose incroyable que la mobilité et la
» transparence de la physionomie de ces chevaux,
» quand on n'en a pas été témoin. Toutes leurs
» pensées se peignent dans leurs yeux et dans le

» mouvement convulsif de leurs joues, de leurs
» lèvres, de leurs naseaux, avec autant d'évi-
» dence, avec autant de caractère et de mobilité
» que les impressions de l'âme sur le visage d'un
» enfant. Quand nous approchions d'eux pour la
» première fois, ils faisaient des moues et des gri-
» maces de répugnance et de curiosité, tout-à-fait
» semblables à celles qu'un homme impressionna-
» ble aurait pu faire à l'aspect d'un objet imprévu
» et inquiétant. Notre langue surtout les frappait
» et les étonnait vivement; et le mouvement de
» leurs oreilles dressées et renversées en arrière,
» ou tendues en avant, témoignait de leur surprise,
» de leur inquiétude. »

Après avoir admiré plusieurs juments réservées pour l'émir lui-même, M. de Lamartine fit
proposer par son drogman, à l'écuyer, jusqu'à dix
mille piastres d'une des plus jolies; mais à aucun
prix on ne décide un Arabe à se défaire d'une jument de premier sang, et le marché n'eut pas lieu.

L'émir Beschir est catholique, et sa famille pro-
fesse le même culte; mais telle est sa tolérance et
la confiance qu'inspire son caractère ferme et
juste, que les musulmans, les Druses, les Arabes
et les Métualis, vivent sous son empire sans la
moindre inquiétude, et le respectent également.

Des musiciens et des chanteurs improvisateurs,
envoyés par l'émir, vinrent animer le souper des
hôtes de l'émir. Les grands seigneurs orientaux
ont toujours à leurs gages des poètes qui sont

exactement auprès d'eux ce qu'étaient les troubadours dans les châteaux du moyen-âge, ou, en Écosse, les poètes populaires. Ils chantèrent des vers à la louange des étrangers pendant que ceux-ci étaient à table. Après une nuit passée dans le palais, M. de Lamartine prit congé de l'émir.

Une notice sur ce prince fait suite à la relation de la visite que lui a rendue le voyageur. Comme cette notice donne une idée de l'état politique de l'Arabie et de l'Orient, nous allons la reproduire en l'abrégeant.

L'émir Joussef, oncle de Beschir, avait le commandement de la montagne du Liban. Djézar-pacha gouvernait à Saint-Jean-d'Acre, et accablait d'exactions et d'impôts les visirs dépendants de son autorité. Joussef, qu'une mauvaise administration et des divisions sourdes entre les populations du Liban mettaient hors d'état de résister à Djézar, souffrait impatiemment le joug de ce pacha. Une rupture éclata entre eux, et l'émir, pour échapper à la redoutable vengeance de Djézar-pacha, pria son neveu d'aller à Acre réclamer pour lui-même la pelisse et l'anneau du commandement. En proposant cette démarche à Beschir, Joussef avait deux raisons : d'empêcher que le pouvoir sortît de sa famille, et de reprendre ce pouvoir lorsque son parent aurait aplani les difficultés, soit par conciliation, soit par la voie des armes. Joussef s'engageait cependant à quitter le pays ; mais c'était une ruse de plus.

Djézar était la terreur de tout ce qui l'approchait; en un même jour il avait fait jeter toutes ses femmes dans une fosse de chaux vive, à l'exception de sa favorite, qui, par dérision, fut parée de ses plus beaux habits, de ses bijoux, et, enfermée ensuite dans une caisse, fut jetée à la mer. Ses esclaves étaient massacrés au premier sujet de mécontentement qu'ils lui donnaient. Il ne parlait que d'abattre des oreilles, couper des nez, arracher des yeux; les exécutions et les supplices ne cessaient pas autour de lui. Le jeune prince trouva cependant grâce devant le terrible pacha; sa demande accueillie, il fut nommé émir et commandant du Liban, avec l'ordre exprès de s'emparer de la personne de Joussef pour l'envoyer à Acre. Huit mille hommes de troupes fournis par Djézar devaient assurer l'exécution de ce plan.

Il n'entrait nullement dans les vues du nouvel émir de trahir de la sorte son oncle. Il l'envoya donc secrètement prévenir des intentions du pacha et l'engagea à se sauver. Joussef se retira sur Gibel, dans le Kosrouan, mais il y organisa des moyens de défense. Son neveu le poursuivit et lui livra une bataille sans obtenir de victoire décisive.

Dès-lors, Joussef et Beschir devinrent successivement rivaux. L'émir déchu envoya un exprès au pacha, et lui fit offrir, s'il lui rendait l'autorité, de lui payer un plus fort tribut que celui auquel s'était soumis le prince Reschir. Djézar y consentit, et l'appela à Acre, pour lui remettre la pelisse et l'anneau et lui donner le commandement des huit mille hommes envoyés naguère contre lui. Puisque le titre d'émir était mis à l'enchère, néanmoins Beschir ne se tint pas pour vaincu. Il se retira du Liban, car la résistance ouverte aux ordres du pacha perdait sa cause, et du district de Marmeri il fit parvenir à Djézar des propositions plus avantageuses que celles de l'émir Joussef. Le pacha accepta, et Joussef fut encore obligé de céder la place. Il retourna à Acre pour tenter de nouvelles intrigues; mais Beschir offrit au pacha quatre mille bourses (de 500 fr. 40 centimes chacune) s'il faisait mourir Joussef, voulant mettre ainsi un terme aux troubles qui agitaient la montagne.

Djézar se trouvait alors à Damas. Son douanier, un Grec qui possédait toute sa confiance, et qui était considéré en son absence comme le pacha d'Acre, traita en son nom, et informa son maître du marché qu'il avait conclu. La proposition plut d'abord beaucoup à Djézar, qui ratifia l'engagement et ordonna de pendre l'émir Joussef ainsi que son ministre Gondour.

A peine Djézar eut-il expédié cet ordre qu'il le regretta : éteindre ainsi l'inimitié des princes, c'était faire tort à ses intérêts. Il envoya un second ordre qui révoqua le premier; mais, soit que cet ordre fut arrivé trop tard, ou que le douanier fût gagné, Joussef était déjà pendu lorsque sa grâce parvint au Liban. Le pacha, se sentant joué, et peut-être heureux de l'occasion pour perdre son

favori, entra dans une violente colère ; le douanier
et toute sa famille périrent noyés, et ses biens immenses furent confisqués au profit de Djézar. L'é-
mir Beschir essuya de vifs reproches, et l'ordre de
se rendre néanmoins à Saint-Jean-d'Acre pour y
recevoir l'investiture définitive.

Le prince avait choisi pour ministre un homme
de sa famille, que ses richesses et sa valeur ren-
daient très-influent dans les montagnes ; ils se rendirent tous deux à la cour du pacha. A peine arrivé, le scheik et l'émir Beschir furent jetés dans
un cachot où ils demeurèrent près de vingt mois.
Pour les relâcher l'un et l'autre, le pacha leur faisait demander une rançon que l'émir ne pouvait
pas payer. Son ministre y suppléa par l'adresse.

Une princesse druse, amie du scheik, entra dans
leurs intérêts ; elle se rendit auprès de Djézar, et
sut si bien le flatter et gagner sa confiance, que le
pacha réduisit en sa faveur la rançon à la somme
que pouvaient offrir les captifs. L'investiture revint encore une fois à l'émir Beschir, qui rentra
dans les bonnes grâces du pacha.

Le frère de Joussef et son cousin, l'émir Kaïdar
de Bubda, s'étaient emparés du pouvoir pendant
la détention de Beschir, et se disposaient à l'empêcher de rentrer dans ses états, si Djézar venait
à lui rendre la liberté. Un émir, prince druse de
Solima, prit parti pour Beschir, et le rétablit sur
le Liban. Joussef et Kaïdar payèrent de leur vie la

résistance qu'ils opposèrent au retour de l'émir Beschir.

Paisible possesseur de la puissance, Beschir se maria avec la veuve d'un prince turc, mis à mort par ses ordres deux ans auparavant. Cette union le rendit maître d'une fortune immense. Avant d'épouser cette princesse, qui était d'une grande beauté, il la fit baptiser, et, malgré ses antécédents, cette union fut des plus heureuses.

« Rien ne troublait plus le souverain du Liban, lorsque Bonaparte, entré en Syrie avec un corps d'armée, arriva devant Saint-Jean-d'Acre, qui devait lui ouvrir les portes de l'Orient. Le général français engagea, par des lettres pressantes et des émissaires, le prince catholique à entrer dans ses intérêts, et à l'aider à se rendre maître de la place. L'émir Beschir répondit qu'il était disposé à se réunir à lui, mais qu'il ne le ferait qu'après la prise d'Acre. Un Français reprochait un jour à l'émir de n'avoir pas embrassé avec enthousiasme la cause de l'armée française, et d'avoir peut-être par là empêché la régénération de l'Orient; l'émir répondit : « Malgré le vif désir que j'avais de me joindre au général Bonaparte, malgré la haine profonde que j'avais vouée au pacha, je ne pus embrasser la cause de l'armée française. Les quinze ou vingt mille hommes que j'aurais envoyés de la montagne n'eussent rien fait pour le succès du siége. Si Bonaparte eût enlevé la place sans mon assistance, il aurait pu envahir la montagne sans combat, car les Druses et les chrétiens le désiraient ardemment ; j'aurais donc perdu mon commandement : au contraire, si j'eusse aidé le général, et que la place n'eût pas été emportée, ce qui serait arrivé, le pacha d'Acre m'eût fait pendre ou jeter dans un cachot. Qui m'aurait secouru alors ? Quelle protection aurais-je implorée ? Aurait-ce été celle de la France, qui était si loin, qui avait l'Angleterre et l'Europe sur les bras, et qui était elle-même déchirée par la guerre civile et les factions ? »

« Le général Bonaparte comprit la position du prince Beschir, et, pour preuve de son amitié, il lui fit présent d'un superbe fusil que Beschir a conservé en mémoire du grand capitaine. » Pendant plusieurs années, le prudent émir conserva sa situation ; mais Joussef, le cousin de Beschir, avait laissé en mourant trois enfants en bas âge. Leurs tuteurs les élevèrent dans des pensées de vengeance, et aussitôt qu'ils furent grands, ils surent saisir un moment où l'émir Beschir était de nouveau en discussion avec le pacha d'Acre ; et la cause portée devant lui, Djézar prétendit concilier les deux partis, en donnant aux fils de Joussef le pays de Gibel et de Kosrouan, tandis qu'il laissait à Beschir celui des Druses, dont le commandement est infiniment supérieur. C'était encore une fois mettre des rivaux en présence ; mais souvent les Orientaux agissent ainsi pour laisser à la décision de la Providence une question qui les embarrasse. Une guerre était la suite inévitable de la situation des trois princes ; les fils de Joussef l'emportèrent sur l'émir. Djézar confirma alors l'usurpation en abandonnant tout le pouvoir aux jeunes princes.

« Pressé par ses ennemis, l'émir Beschir passa en Egypte, et alla trouver le vice-roi Méhémet-Aly, suivi de quelques amis restés fidèles à sa fortune.

» Le vice-roi lui fit un accueil des plus flatteurs, le traita avec tous les égards dus à sa position, le combla de présents, et le fit repartir pour la Syrie sur un des vaisseaux de l'amiral Sidney Smith, avec une lettre pour Djézar, pleine de reproches et de menaces, dans laquelle il lui intimait l'ordre de rétablir l'émir Beschir dans son commandement.

» Le vice-roi était puissant ; Djézar obéit et maintint fidèlement son dernier traité jusqu'à sa mort. »

L'investiture d'un nouveau pacha d'Acre pouvait ranimer les espérances des jeunes princes ; Beschir sut positivement qu'une conspiration s'organisait contre lui ; il prit les devants et s'empara par surprise des jeunes émirs et des ministres qui les conseillaient. Les trois frères eurent les yeux crevés, traitement qu'on fait trop souvent subir en Orient aux ennemis vaincus auxquels on laisse la vie.

Rien de plus agité, de plus incertain que l'existence d'un pacha ou d'un émir en Orient. — S'il

réprime la révolte par les supplices, il peut craindre
à son tour qu'un ordre émané de Constantinople
ne vienne mettre fin à son existence en même
temps qu'à son pouvoir.

Le complot de ses parents déjoué, Beschir, l'évêque de Joussef, encouragea les habitants de Gibel-
Biscarra, de Gibes et du Kosrouan, à s'insurger
pour refuser un impôt décrété par l'émir. On arrêta
un prêtre porteur de dépêches de l'évêque, et il fut
conduit devant le scheik Beschir; celui-ci, ayant
lu ces lettres, présenta son kangiar (poignard) à
celui qui les lui avait apportées, et lui ordonna de
tuer le prêtre et de l'enterrer à la place où il avait
été arrêté. — Peu d'heures après, un autre envoyé
subit le même sort.

Dès le jour suivant, le scheik Beschir se mit en
marche, envahit le Kosrouan, et fit étrangler tous
ceux que l'émir Beschir avait inscrits sur une note
qu'il lui avait envoyée à Gibel-Biscarra, et à Gibes
les mêmes moyens furent employés; des contri-
butions énormes levées sur ces pays achevèrent
de frapper de consternation toutes les classes des
habitants.

Dans une lutte engagée avec le pacha de Damas,
Beschir sut mettre de son parti le pacha d'Acre;
mais la cour de Constantinople destitua Beschir,
le condamna à mort, ainsi qu'Abdalla. Encore cette
fois l'émir, abandonné de tous les siens, partit secrètement pour l'Egypte. Le pacha d'Acre résista
par la force ouverte aux envoyés de la Sublime

Porte. Le vice-roi d'Egypte intervint et fit rentrer en grâce le pacha et l'émir. La clémence rendait un trône à Beschir; cependant son premier soin fut de se venger d'abord du scheik Beschir, qui, en son absence, s'était ligué avec ses ennemis. Il fut arrêté et conduit à Damas, avec promesse toutefois de lui accorder sa grâce, car l'escorte qui l'accompagnait n'aurait pas suffi à la garde du prisonnier s'il eût tenté de se sauver. Arrivé à Damas, les rigueurs commencèrent; le scheik fut dépouillé de ses habits; on lui lia les mains, l'une sur le dos, l'autre sur la poitrine, et on le jeta dans une prison où il resta jusqu'au moment où son procès, instruit à Constantinople, eut pour dénoucment une condamnation à mort. On lui apporta le cordon; il se soumit sans plainte, fut étranglé, décapité, et son corps, coupé par morceaux, devint la proie des chiens. L'émir Abets et deux autres frères de Beschir l'avaient également trahi; les trois princes furent arrêtés; on leur coupa la langue et on leur creva les yeux, puis ils furent exilés avec leurs familles chacun dans des villages distants les uns des autres.

« Telle est la politique qu'a suivi jusqu'à ce jour l'émir Beschir; c'est par ces moyens tour-à-tour violents et adroits qu'il est parvenu à établir la paix sur le Liban. Lié par reconnaissance et par la situation de ses états aux intérêts du pacha d'Égypte, sa fortune tient aujourd'hui aux succès de Méhémet-Aly et de son fils Ibrahim contre la

Porte. On peut penser que, forcé par le succès à s'allier au parti de ces princes, il se ménage le prétexte de la contrainte si les Turcs venaient à l'emporter. Ibrahim paraît connaître l'émir : aussi le compromet-il tant qu'il peut. Il l'a forcé, dans sa dernière marche sur Homs, de lui donner un de ses fils et quelques-uns de ses meilleurs cavaliers, et ses autres fils, descendus de la montagne, gouvernent militairement, au nom des Égyptiens, les principales villes de Syrie. » Si les Turcs sont vainqueurs, la réaction sera implacable contre les chrétiens du Liban et contre l'émir. Il est à peu près sûr qu'Ibrahim, maître de la Syrie, ne pourra souffrir longtemps l'indépendance de l'émir. Entre ces deux ennemis il faudra nécessairement que le vieillard succombe quelque jour.

En quittant Dptédin, sur lequel s'élève le palais de l'émir, on suit un sentier taillé dans le roc, bordé de terrasses artificielles plantées de mûriers; des champs de vignes, des jardins, arrosés par des ruisseaux dont on a subdivisé les eaux en mille filets, couvrent les campagnes. Le Dptédin s'affaisse pour donner naissance à la base d'une nouvelle montagne qui supporte la ville de Deïr-Kammar, la capitale des Druses, encore à l'émir Beschir.

Sauf un édifice orné de sculptures mauresques et de hauts balcons semblables aux restes d'un château du moyen âge, Deïr-Kammar, dans tout son ensemble, ressemblait plutôt à un bourg de

Savoie ou d'Auvergne qu'à une ville capitale.
M. de Lamartine y entra au lever du jour. « Les
» troupeaux de juments et de chameaux sortaient
» des cours des maisons, et se répandaient sur les
» places et dans les rues non pavées de la ville.
» Sur une place un peu plus vaste que les autres,
» quelques tentes noires de zingari étaient dres-
» sées; des hommes, des femmes et des enfants,
» tous demi-nus ou enveloppés de l'immense cou-
» verture de laine blanche qui est leur seul vête-
» ment, étaient accroupis autour d'un feu, et se
» peignaient les cheveux ou cherchaient les in-
» sectes qui les dévoraient. Quelques Arabes au
» service de l'émir passaient à cheval dans leur
» magnifique costume, avec des armes superbes à
» la ceinture, et une lance de douze à quinze pieds
» de long dans la main. Les uns allaient porter à
» l'émir des nouvelles de l'armée d'Ibrahim; les au-
» tres descendaient vers la côte pour transmettre
» les ordres du prince aux détachements comman-
» dés par ses fils, qui sont campés dans la plaine.
» Rien n'est plus imposant et plus riche que le cos-
» tume et l'armure de ces guerriers druses. Leur
» turban immense, et sur lequel serpentent, en rou-
» leaux gracieux, des châles de couleurs éclatantes,
» projète sur leur visage brun et sur leurs yeux noirs
» une ombre qui ajoute encore à la majesté et à la
» sauvage énergie de leurs physionomies. De lon-
» gues moustaches couvrent leurs lèvres et retom-
» bent des deux côtés de la bouche. Une espèce de

» tunique de couleur rouge est le vêtement uni-
» forme de tous les Druses et des montagnards ;
» cette tunique est, selon l'importance et la richesse
» de celui qui la porte, tissue en coton et or ou
» seulement en coton et soie, et des dessins élé-
» gants, où la diversité des couleurs contraste avec
» l'or et l'argent des tissus, brillent sur la poitrine
» et sur le dos. D'immenses pantalons à mille plis
» couvrent les jambes ; les pieds sont chaussés de
» bottines de maroquin rouge, et de pantoufles de
» maroquin jaune par-dessus la bottine ; des ves-
» tes fourrées, à manches pendantes, sont jetées
» sur les épaules. Une ceinture de soie ou de ma-
» roquin, semblable à celle des Albanais, entoure
» le corps de plis nombreux, et sert au cavalier à
» porter ses armes. On voit toujours les poignées
» de deux ou trois kangiars ou yatagans ( poi-
» gnards et sabres courts des Orientaux ) sortir de
» cette ceinture et briller sur la poitrine ; ordinai-
» rement les talons de deux ou trois pistolets, in-
» crustés d'or et d'argent, complétent cet arsenal
» portatif. Les Arabes ont tous en outre une lance
» dont le manche est d'un bois mince, souple et
» dur, semblable à un roseau. Cette lance, leur
» arme principale, est décorée de houppes flottan-
» tes et de cordons de soie : ils la tiennent ordi-
» nairement dans la main droite, le fer vers le ciel
» et la tige touchant presque à terre ; mais quand
» ils lancent leurs chevaux au galop, ils la bran-
» dissent horizontalement au-dessus de leur tête.

» et dans leurs jeux militaires ils la lancent à une
» distance énorme, et vont la ramasser en se pen-
» chant jusqu'à terre. Avant de la lancer, il lui
» impriment longtemps un mouvement d'oscil-
» lation qui ajoute ensuite beaucoup à la force du
» jet et la fait porter jusqu'à un but qu'ils dési-
» gnent. »

On ne se lasse pas de suivre avec M. de Lamartine la route qu'il a parcourue, de contenpler les
scènes qu'il décrit, et je voudrais enrichir mon livre de toutes les belles pages que m'offre le sien.

Ces belles montagnes qu'il décrit mille fois avec
toute la variété que la nature met elle-même dans
ses œuvres, on les voit couronnées de neige à leur
sommet, montrant leurs flancs arides, convulsive-
ment déchirés, puis, s'inclinant en plans successifs
et détachés, se couvrir de végétation, rouler des
eaux écumeuses, qui fécondent des terres cultivées
et se répandent dans des vallées délicieuses. Il suit
l'Arabe dans les sentiers les plus escarpés, gravit
le chemin à pic, bordé de précipices sans fond; le
danger s'anéantit pour lui à la pensée d'aller revoir un de ces vastes horizons qui parlent si haut
à son âme de poète. Embrasser à la fois d'un
coup-d'œil une terre immense, d'aspects les plus
variés; en saisir les moindres détails à travers l'air
pur, lumineux de la Syrie; promener ses regards
des montées les plus inaccessibles aux profondeurs
de la vallée où roule un fleuve; compter à l'horizon les voiles blanches qui traversent comme des

oiseaux les eaux bleues et dorées de la mer de Syrie; étudier tour-à-tour les constructions mauresques, les villages, les monastères, les ruines couvertes de lianes qui reproduisent mollement leurs
formes en les cachant; épier au milieu de ces scènes tous les objets vivants qui apparaissent inopi-
nément, faire passer de son souvenir toutes ces
richesses sous sa plume, est facile au poète doué
d'une parole merveilleusement ductile et limpide.

Si le palais ou le monastère n'offrent pas leur
abri au voyageur, il sait aussi, grâce au sentiment
du pittoresque, se trouver à merveille dans un kan
et se dédommager du pauvre accueil qu'il y a
reçu, en en faisant une description charmante...

« Ce qu'on appelle un kan (auberge) en Syrie,
» et dans toutes les contrées de l'Orient, c'est une
» cabane dont les murs sont de pierres mal join-
» tes, sans ciment, et laissant passer le vent ou la
» pluie. Ces pierres sont généralement noircies
» par la fumée du foyer, qui filtre continuelle-
» ment à travers leurs interstices. Les murs ont
» à peu près sept à huit pieds de haut; ils sont
» recouverts de quelques pièces de bois brut avec
» l'écorce et les principaux rameaux de l'arbre;
» le tout ombragé de fagots desséchés, qui ser-
» vent de toit; l'intérieur n'est pas pavé, et, se-
» lon la saison, c'est un lit de poussière ou de
» boue. Un ou deux poteaux servent d'appui au
» toit de feuilles, et on y suspend le manteau ou
» les armes du voyageur. Dans un coin est un pe-

» tit foyer exhaussé sur quelques pierres brutes;
» sur ce foyer brûle sans cesse un feu de charbon,
» et une ou deux cafetières de cuivre, toujours
» pleines de café épais et farineux, rafraîchisse-
» ment habituel et besoin unique des Turcs et des
» Arabes. Il y a ordinairement deux chambres
» semblables à celle que je viens de décrire. Un ou
» deux Arabes sont autorisés, au prix d'une rede-
» vance qu'ils paient au pacha, à faire les hon-
» neurs de cette hospitalité, et à vendre le café et les
» galettes de farine d'orge aux caravanes. Quand le
» voyageur arrive à la porte de ces kans, il descend
» de chameau ou de cheval, il fait détacher les nattes
» de paille et les tapis de Damas qui doivent lui
» servir de couche : on les étend dans un coin de
» la maison enfumée; il s'y assied, demande son
» café, fait allumer sa pipe ou son arghilé (1), et il
» attend que ses esclaves aient rassemblé un peu
» de bois sec pour lui préparer son repas. Ce re-
» pas consiste ordinairement en deux ou trois ga-
» lettes à peine cuites sur un caillou chauffé, et en
» quelques morceaux de mouton haché que l'on fait
» cuire dans une marmite de cuivre, avec du riz.
» Le plus souvent on ne trouve ni riz ni mouton à
» acheter dans le kan, et l'on se contente de ga-
» lettes et de l'eau excellente et fraîche qui ne
» manque jamais dans le voisinage des kans. Les
» domestiques, les esclaves, les moukres ( con-

_______

(1) L'arghilé, ou séhiché, s'ajuste à un long tuyau flexible
nommé laieh.

» ducteurs de chameaux ) et les chevaux restent
» en plein air, autour du kan. Il y a ordinaire-
» ment dans le voisinage quelque arbre renommé
» et séculaire qui sert de point de reconnaissance
» à la caravane. C'est le plus souvent un figuier
» sycomore, de la taille des plus gros chênes. Son
» tronc a quelquefois jusqu'à trente ou quarante
» pieds de tour, et souvent beaucoup plus. Ses ra-
» meaux commencent à s'ouvrir à quinze ou vingt
» pieds de terre, s'étendent horizontalement,
» d'abord à une portée immense, puis les rameaux
» supérieurs se groupent en cônes moins élargis,
» et présentent de loin la forme de nos hêtres.
» L'ombre de ces arbres, que la Providence semble
» avoir jeté là comme un nuage hospitalier sur le
» sol brûlant du désert, s'étend à une grande dis-
» tance du tronc, et il n'est pas rare de voir
» une soixantaine de chameaux, de chevaux et
» autant d'Arabes campés pendant la chaleur du
» du jour sous un seul de ces arbres. Ces platanes,
» qui devraient être conservés avec soin, comme
» des hôtelleries naturelles pour les caravanes,
» sont abandonnés à la stupide imprévoyance de
» ceux qu'ils abritent; les Arabes allument leur
» feu au pied du sycomore, et la plupart de ces
» beaux arbres ont le tronc noirci et creusé par la
» flamme de ces foyers. »

En dehors des villes et des villages, mais près de
leur entrée, on voit toujours de belles fontaines
turques où les femmes viennent emplir leurs cru-

ches longues et étroites. Là, elles s'arrêtent, se groupent autour du bassin pour causer, et s'il passe quelque voyageur sur la route, les plus curieuses soulèvent un coin de leur voile pour regarder l'étranger.

Le mois de novembre, qui sème les frimats sur toutes nos campagnes, est un mois de renaissance pour les terres du Liban. La mousse, l'herbe, les lianes et les fleurs revêtent les pentes des montagnes ; les champs se couvrent de moissons, et les bois de mûriers multiplient leurs feuillages sous les rayons d'un soleil ardent. « On aperçoit çà et
» là les toits des maisons disséminées dans la
» plaine, qui sortent de cet océan de verdure, et
» les femmes grecques et syriennes, dans leur riche
» et éclatant costume, semblables à des reines qui
» prennent l'air sur les pavillons de leurs jardins ;
» de petits sentiers encaissés dans le sable condui-
» sent de maison en maison, d'une colline à l'au-
» tre, à travers ces jardins contigus qui vont de la
» mer jusqu'au pied du Liban. »

Sur le seuil des maisons la vie patriarcale se reproduit avec toute la grâce que lui a imprimée la poésie antique. Les femmes et les jeunes filles, accroupies sous les mûriers ou les figuiers, brodent des tapis de laine de couleurs éclatantes et variées ; d'autres dévident en s'éloignant le fil de soie attaché à des arbres, et se jettent en marchant à reculons la navette qu'un autre homme leur renvoie. Des berceaux de joncs suspendus aux branches, ou des nattes de pailles placées à l'ombre, servent de lit à de jeunes enfants; de beaux moutons, des chèvres, une vache, complétent le tableau champêtre. Le cheval du maître est toujours là aussi couvert de son harnais magnifique et prêt à être monté; il fait partie de la famille, et ne semble étranger à rien de ce qui s'y fait.

Tout ces cultivateurs parlent le grec et l'arabe; ils savent lire, sont doux, laborieux, paisibles et sobres. Ils se reposent des travaux de la semaine en assistant aux offices grecs et syriaques; à leur retour ils prennent un repas plus recherché que les jours ordinaires; les femmes et les jeunes filles, parées de leurs plus riches habits, les cheveux tressés et parsemés de fleurs naturelles, restent assises sur des nattes, à la porte de la maison, avec leurs voisines et leurs amies. Rien n'est plus admirable que les groupes pittoresques que ces femmes forment alors dans la campagne.

Les populations du Liban sont généralement très-belles; hommes, femmes et enfants, tout a l'aspect de la force et de la santé. L'expression des traits est noble, élevée, et même parmi les moins civilisés, ne manque pas d'urbanité. Les Maronites, les Druses, les Métualis et les Ansariés sont répandus dans les vallées et sur les montagnes soumises au commandement de l'émir Beschir. C'est d'un saint solitaire, nommé Marron, qui vivait en 400, que les Maronites prétendent tirer leur nom. Les disciples du solitaires se répandi-

rent, dit-on, dans la Syrie, et y fondèrent des monastères. L'hérésie avait fait de grands progrès
en Orient; cependant ceux qui s'étaient préservés
de la contagion vinrent établir leurs demeures
autour des établissements monastiques. Les musulmans obligèrent, par leurs persécutions, les
chrétiens à se retirer dans des lieux inaccessibles,
derrière des pics et des précipices; mais l'infati-
gable industrie des Maronites a su triompher de
tous les obstacles pour rendre jusqu'aux rochers
fertiles. S'ils s'élevaient vers les crêtes dépouillées,
au pied des neiges éternelles, ils bâtissaient des
villages dans des gorges profondes, bordaient de
solides terrasses les pentes rapides de la montagne, y transportaient de la terre végétale, et re-
commençaient là de nouveaux champs, de nouvelles plantations de mûriers, et, grâce à cette
persévérances, les cultures couvrent aujourd'hui
le Liban, et une riche et nombreuse population
s'est étendue peu à peu des retraites qu'elle a fer-
tilisées aux terres abandonnées dans les jours de
désastres. Comme aux temps féodaux de l'Europe,
le château du scheik, ou seigneur, est bâti au
centre des villages; un monastère entouré d'épais
ombrages se voit dans le lointain, un peu à l'écart
de l'agglomération des toits ruraux, mais à portée, cependant, d'entretenir des relations journalières avec la peuplade chrétienne. Le scheik,
soumis à l'émir, administre la justice. Un patriarche élu par les évêques et un légat envoyé par le

pape règlent tous les cas religieux. « Si l'on veut
» avoir sous les yeux ce que l'imagination se
» figure des temps du christianisme naissant et
» pur, si l'on veut voir la simplicité et la ferveur
» de la foi primitive, la pureté des mœurs, le dés-
» intéressement des ministres de la charité, l'in-
» fluence sacerdotale sans abus, l'autorité sans do-
» mination, la pauvreté sans mendicité, la dignité
» sans orgueil, la prière, les veilles, la sobriété,
» la charité, le travail des mains, il faut venir chez
» les Maronites. Le philosophe le plus rigide ne
» trouvera pas une réforme à faire dans l'existence
» publique et privée de ces prêtres qui sont restés
» les modèles, les conseillers et les serviteurs du
» peuple. »

Si un missionnaire, ou un voyageur européen,
arrive chez les Maronites, il peut, sans crainte,
aller frapper à la porte du monastère : il y sera
reçu comme un hôte envoyé par la Providence ;
se présente-t-il dans le manoir féodal, des pages
lui feront traverser des cours où les chevaux entravés resplendissent d'ornements, et, dans la salle
principale du château, il trouvera le scheik entouré des premiers du village, tous vêtus de leurs
riches pelisses, avec leurs ceintures de soie rouge,
remplies de yatagans et de kangiars aux manches
d'argent, coiffés de beaux turbans. Cette cour of-
frira à l'étranger des visages bienveillants, d'un
type de beauté infiniment supérieur à ce qu'il est
accoutumé à voir en Europe. L'accueil le plus hos-

pitalier assure aussitôt au chrétien d'Europe une seconde famille, et une intimité dépourvue de toute défiance. La communauté de religion est le lien puissant de ces sentiments de fraternité.

Les Druses sont idolâtres et parlent arabe, ce qui détruit l'opinion souvent émise que cette peuplade descend d'une colonie européenne laissée en Orient par les croisés. Il est probable que les Druses sont venus se réfugier dans le Liban pour se soustraire aux persécutions religieuses des musulmans. Cependant un de leurs chefs, appelé Faker-el-Din, dont on a fait Facardin, profitant de la croyance répandue, vint à Florence au commencement du XVIIe siècle implorer la protection des princes catholiques contre les Turcs. Pendant neuf ans Faker-el-Din habita Florence, se forma aux exigences de la vie européenne, et, rentré en Syrie, il voulut imiter le luxe des palais des princes dont il avait été l'hôte. Baïouth s'enrichit de palais ornés de statues, de peintures qui blessèrent les préjugés des Orientaux. Le sultan Amurath IV s'irrite et envoie de nouveau une armée contre l'émir. Celui-ci est vaincu; un de ses fils est tué, un autre est fait prisonnier; Faker-el-Din se renferme, avec un petit nombre d'amis, dans le rocher de Nilka. Il y soutient une année de siége, et les Turcs, las d'attendre, se retirent sans avoir vaincu l'émir. Une trahison livra plus tard Faker-el-Din aux Turcs. Conduit à Constantinople, le sultan l'accueille d'abord avec honneur, lui donne un palais, des esclaves; mais, peu de temps après, Amurath, soupçonnant que l'émir cherche à se sauver, le fait étrangler.

Par un usage habituel à la politique turque, la famille de Faker-el-Din continua, malgré la justice ou la vengeance accomplie sur son chef, à gouverner le Liban. L'extinction des descendants de cet émir a fait passer le sceptre à la famille Chab, originaire de La Mecque, et dont l'émir Beschir est le chef actuel.

La religion des Druses est un mystère que nul voyageur n'a jamais pu percer. Ils adorent le veau : c'est le seul fait constaté. Quand ils communiquent avec d'autres peuples, il leur est permis d'en affecter momentanément le culte. La tribu se divise en deux castes : les akkals, ceux qui savent; les djahels, ou ceux qui ignorent. Quand les akkals s'assemblent, des gardes veillent avec soin à ce qu'aucun profane n'approche du lieu consacré où s'accomplissent les rites. La mort attend l'imprudent qui oserait tenter de s'approcher du temple. « Les femmes sont admises à ces mystères. » Les prêtres ou akkals sont mariés; ils ont une » hiérarchie sacerdotale. Le chef des akkals, ou » le souverain pontife des Druses, réside au village » de El-Mutha. Après la mort d'un Druse, on se » réunit autour du tombeau, on reçoit des témoi- » gnages sur sa vie; si ces témoignages sont favo- » rables, l'akkal s'écrie : Que le Tout-Puissant te » soit miséricordieux! Si les témoignages sont

» mauvais, le prêtre et les assistants gardent le si-
» lence. Le peuple en général croit à la transmi-
» gration des âmes. Si la vie du Druse a été pure,
» il revivra dans un homme favorisé de la fortune,
» brave et aimé de ses compatriotes; s'il a été vil
» ou lâche, il reviendra sous la forme d'un chameau
» ou d'un chien. » Selon les préceptes religieux
des Druses, tous les hommes sont frères, et, fidèles à cette loi, jamais l'hospitalité n'est trahie
parmi eux; l'étranger qui cherche une sauvegarde
sous le toit d'un Druse, peut être assuré que nulle
considération ne le fera livrer à ses ennemis.

« Les Métualis sont des mahométans de la secte
» d'Ali, secte dominante en Perse. Les Turcs, au
» contraire, sont de la secte d'Omar. » Ce schisme
s'opéra dans l'islamisme au septième siècle, lorsqu'Omar s'empara du califat, à l'exclusion d'Ali,
le beau-frère du prophète. Hussein et Ali sont les
saints révérés par les Métualis. Ainsi que les Persans, ils brisent le verre ou le plat qui a servi à
l'étranger, et ne mangent jamais avec les sectateurs d'une autre religion que la leur. Ils habitent
sur les pentes du Liban, et se sont répandus du
côté des ruines de Tyr, aujourd'hui *Sour*, de Balbeck, et des ruines plus magnifiques encore d'Hé-
liopolis.

Les Ansariés sont un peuple en décadence; leur
ancien culte a fait penser qu'ils étaient une tribu
dépaysée de l'Indoustan. Ils adoraient le chien, et
l'adorent peut-être encore, car leurs rites reli-

gieux sont remplis des ténèbres de l'initiation.

Chaque année, la Syrie voit arriver de nombreux pèlerins : les uns, vêtus de l'ihram, se rendent de La Mecque à Jérusalem ; d'autres, et ceux-là sont plus rares, arrivent directement d'Europe pour visiter les lieux saints et les établissements religieux, fondés sur toutes les places consacrées par les mystères de la foi chrétienne. Quelques voyageurs, poussés par le désir des découvertes, de recueillir des inscriptions, d'étudier la situation topographique des pays lointains, courent en commun les dangers de ces excursions. En approchant de Nazareth, on trouve le couvent des Pères latins, qui ont donné le nom de Marie-Joseph à leur maison. Quel que soit le motif qui conduise le chrétien en pareil lieu, il peut sans crainte aller sonner à la large porte en fer qui sert d'entrée au couvent. Des chambres destinées aux étrangers sont en tout temps réservées à la suite des cellules des frères.

L'église de la communauté a un sanctuaire souterrain, qui fut jadis la maison de la Sainte-Vierge et de Saint-Joseph. La nef du lieu saint a trois étages. Le chœur, élevé sur un bel escalier en marbre, domine le premier plan, où se tiennent les fidèles, et les pères de la Terre-Sainte occupent l'étage supérieur, où ils arrivent par une porte qui communique à leur couvent. Dans le lieu où l'ange Gabriel apparut à Marie, on a construit une petite chapelle, qu'éclairent des lampes d'argent. L'autel en est élevé sous la voûte d'un rocher auquel était

adossée la maison sainte. Deux autels souterrains sont placés où était, dit-on, la cuisine de la sainte famille. « Quinze ou vingt pères espagnols et ita-
» liens vivent dans ce même couvent, occupés à
» chanter les louanges de l'enfant-Dieu et les
» gloires de sa mère, dans le temple même où ils
» vécurent pauvres et ignorés. » On voit aussi à Nazareth la synagogue ancienne où Jésus, enfant, allait s'instruire, comme homme, dans la loi qu'il devait purifier un jour. La ville de Nazareth compte environ sept à huit cents chrétiens catholiques; le culte du Sauveur a germé sur cette terre; mais ce n'est qu'en se transplantant vers l'Europe qu'il a pris son accroissement. Du moins, si les Turcs ont détourné leurs cœurs des vérités religieuses, on doit leur rendre justice pour le respect qu'ils témoignent aux religieux de Nazareth. Les Pères peuvent sortir, aller remplir les œuvres de charité et de miséricorde qu'ils ont entreprises, sans être jamais inquiétés au dehors. Un évêque ne serait pas plus honoré dans les rues d'une ville catholique, que ces religieux ne le sont ici. La persécution est plus loin du prêtre dans les mœurs de l'Orient que dans les mœurs de l'Europe.

# UN MUSULMAN A JÉRUSALEM.

### *( Voyages d'Ali-Bey, El-Abassi. )*

Lorsqu'un pèlerin musulman arrive à Jérusalem, il commence par visiter El-Haram, ou temple bâti sur l'ancien temple de Salomon. C'est un monument d'architecture tout-à-fait remarquable. Jamais il n'a été permis à un chrétien d'y pénétrer, comme dans le temple de La Mecque, les deux seuls édifices de leur culte auxquels les musulmans donnent le nom d'El-Haram.

Le musulman croit que le Sahhàra-Allàh, nom particulier du temple de Jérusalem, est le lieu où les prières des hommes sont le plus agréables à la Divinité, après la maison de Dieu à La Mecque. C'est par cette raison que tous les prophètes, depuis la création du monde jusqu'à Mouhhammed ( Mahomet ), y sont venus prier; et actuellement encore les prophètes et les anges y viennent en troupes invisibles, pour faire leurs prières sur la roche, non compris la garde ordinaire de soixante-dix mille anges qui l'entourent perpétuellement, et qui se relèvent tous les jours (1).

(1) Ali-bey, El Abassi, était un musulman d'un rang élevé; il a voyagé dans sa jeunesse en Europe, et n'a en aucune manière les croyances qu'il affecte par prudence ou par dérision. Des doutes se sont élevés sur la véritable origine d'Ali-bey, et les musulmans eux-mêmes le soupçonnent d'être un Européen déguisé.

La nuit que le prophète Mouhhammed fut enlevé de la Mecque par l'ange Gabriel, et transporté en un moment par les airs à Jérusalem, sur
la jument El-Borak, qui a la tête et le sein d'une
belle femme, une couronne et des ailes, le prophète, après avoir laissé El-Borak à la porte du
temple, vint faire sa prière sur El-Sahhàra, avec
les autres prophètes et les anges, qui, l'ayant sa-
lué respectueusement, lui cédèrent la place d'honneur.

« Au moment où le prophète s'arrêta sur El-
Sahhàra, la roche, sensible au bonheur de porter
ce saint fardeau, s'affaissa, et, comme une cire
molle, reçut l'empreinte de son pied sacré à sa
partie supérieure, vers le bord du S.-O. On a couvert ensuite cette empreinte d'une espèce de grande
cage en fil de métal doré, travaillée de manière
qu'on ne voit pas l'empreinte, à cause de l'obscurité extérieure; mais, au moyen d'une ouverture,
on peut toucher l'empreinte avec la main en la
reportant sur sa figure et sur sa barbe. Au reste,
la roche, creusée en caveau à l'intérieur, est revêtue d'un marbre fin, d'une couleur blanche un
peu rougeâtre. »

La porte du paradis, en marbre vert ondé, est
fixée dans le pavé; des clous dorés, dont une partie a été arrachée par le diable, montrent la résistance victorieuse qu'opposa cette porte aux efforts
du méchant esprit. Un Coran, dont les feuillets ont
quatre pieds de haut, figure encore parmi les ra-

retés du temple. Ce livre passe pour avoir servi au calife Omar; mais au Caire et à la Mecque, on en a deux semblables auxquels la tradition donne la même origine.

Jusqu'à la moitié de sa hauteur, le Sahhàra est incrusté de différentes espèces de marbre; le reste est revêtu de petites briques ou carreaux de différentes couleurs et fort jolis. Les fenêtres sont garnies de beaux verres peints formant des arabesques. Il y a cinq grandes fenêtres sur chaque côté de l'octogone. Plusieurs édifices religieux, ayant chacun leur nom, se trouvent agglomérés avec le Sahhàra. Un oratoire, dont les colonnes semblent avoir appartenu à l'ancien temple de Salomon, porte le nom de *El Mehkemé Dàvoud*, ou le tribunal de David.

A quelques pas de distance, on trouve l'oratoire de Gabriel, surmonté d'une coupole également soutenue par des colonnes; puis celui du prophète, plus grand que les deux derniers; dans cet oratoire on voit la *Cobba Behhinnbehhin*, maisonnette carrée qui renferme un des deux morceaux de la roche de Sahhàra, coupés par les chrétiens et rendus invisibles à leurs yeux. La Cobba el Arouàah, de l'esprit, et celle d'el Hhôder, ou Élie, occupent un autre angle du temple. Sur la plate-forme du Sahhàra est un édifice composé de trois chambres qui servent de magasin pour tenir l'huile des lampes du Haram.

Entre ce magasin et l'escalier principal du Sahhâra, se trouve une tribune pour la prédication des jours de Pâques. Le monument est intéressant par le grand nombre de petites colonnes antiques qui le décorent. L'iman occupe une autre niche d'où il dirige les prières les mêmes jours. Cinq maisonnettes, qui ont chacune un portique de trois arcs, servent de demeure à de pauvres étudiants dont la vie est consacrée à la retraite et à la méditation.

Sur le frontispice, composé de quatre arcs au-dessus de l'escalier principal, se trouve invisiblement *el Mizan* ou la balance éternelle, dans laquelle seront pesées les bonnes et les mauvaises actions, au jour du jugement dernier.

Du côté oriental de la grande tour du temple, et adossé au milieu de la muraille de la ville qui lui sert d'enceinte, est un salon d'environ vingt-un pieds de long et quatorze de large, dont le fond est orné de plusieurs toiles de différentes couleurs. On croit que c'est le lieu où était placé le trône de Salomon. Une des fenêtres de ce salon ouvre sur le précipice du torrent de Cédron; le pont invisible appelé el-Sirac doit être placé là. Ce pont, plus tranchant que la lame d'un sabre, servira de chemin aux fidèles pour entrer dans le paradis. Tandis que les serviteurs de Mahomet franchiront avec la rapidité de l'éclair cette route aérienne, les infidèles s'essayant pesamment sur leurs traces, tomberont dans l'abîme qui est une des portes de l'enfer.

L'anneau de fer auquel le prophète attacha sa jument céleste est encore fixé à une porte devenue souterraine par l'encombrement des terres et des débris autour du temple.

De belles citernes, dont les margelles sont ornées de colonnes et de coupoles, ont été construites dans les cours d'el-Sahhâra. On y conserve l'eau des pluies, que les porteurs d'eau de la ville viennent ensuite y puiser pour le service public.

## LE PÈLERINAGE CHRÉTIEN.

Un chrétien ne voit pas les murs de Jérusalem sans éprouver une vive émotion. Les souvenirs religieux, les récits des croisades, les monuments de tous les âges qu'il vient visiter, se peignent d'avance à son esprit.

Placée sur une hauteur au milieu d'une campagne dépouillée, la triste Jérusalem étend une ceinture de hautes murailles à créneaux tout autour de son enceinte. Au temps de l'empereur Adrien, lorsqu'on rebâtit la ville détruite par Tite et Vespasien, la montagne du Calvaire, située dans le quartier de Golgotha, et l'emplacement du sépulcre, furent compris dans la nouvelle Jérusalem. De magnifiques églises, des monastères, se sont élevés partout où le chrétien devait venir

s'agenouiller en mémoire du mystère de la rédemption.

La vallée de Josaphat, celle de Gethsémani, où
s'est desséché le torrent de Cédron, s'étendent
entre la montagne des Oliviers et la montagne qui
porte Jérusalem. Le tombeau de la sainte Vierge
est dans la vallée de Gethsémani : c'est un édifice
d'un caractère sévère et antique; il appartient aux
Arméniens, et occupe toute la largeur de terrain
plat qui sépare les deux montagnes. Dans le fond
et sur la hauteur d'Hébron, on montre le lieu de
sépulture d'Abraham et de sa famille. La même
voûte, autrefois une église grecque, et maintenant
une mosquée, possède aussi le sépulcre de Jacob
et de Rachel, celui de Joseph, dont les cendres auraient été portées sur la montagne d'Hébron par
le peuple d'Israël. Ces tombeaux, en grande vénération parmi les musulmans, sont enrichis d'une
multitude de tapis de soie verte magnifiquement
brodés en or. Ceux des femmes sont en soie rouge,
et également brodés en or. L'entrée des caveaux
est défendue par des grilles en fer et des portes en
bois, plaquées en argent, avec des serrures et des
cadenas de même métal.

Si, des dehors de Jérusalem, l'aspect de ses murs
semble faire pressentir quelque grandeur au dedans, on est bien désabusé de cette espérance en
pénétrant dans la ville. Les rues désertes, étroites
et mal tenues de cette cité déchue rappellent toute

les paroles de malédiction qui ont été articulées contre elle.

L'église du Saint-Sépulcre est un beau et vaste monument de l'époque byzantine; sa coupole aérienne ciselée, et la taille savante des portes, des fenêtres, des chapiteaux, des corniches, la mettent tout-à-fait en rapport avec la grande idée qu'elle représente.

La clef du sépulcre est confiée aux religieux latins; mais un moine grec doit assister à chaque visite qu'on y rend, et les gardiens turcs veillent à ce que ces conditions soient fidèlement exécutées. (1)

« Au bout du vestibule, on entre sous la large » coupole de l'église. Le centre de cette coupole, » que l'opinion locale donne pour être le centre » de la terre, est occupé par un petit monument » renfermé dans le grand, comme une pierre pré-» cieuse enchâssée dans une autre. Ce monument » intérieur est [un carré long, orné de quelques » pilastres, d'une corniche et d'une coupole de » marbre, le tout de mauvais goût, et d'un dessin » tourmenté et bizarre; il a été reconstruit, en » 1817, par un architecte européen, aux frais de

(1) Les musulmans respectent généralement les lieux consacrés à Jésus Christ et à Marie; seulement, comme ils pensent que le Christ ne mourut pas, et qu'il monta au ciel laissant à Judas sa ressemblance, afin que le traître fût crucifié à sa place, ils n'ont aucune dévotion au sépulcre, et pensent en savoir plus-que les chrétiens en ce qui regarde la Passion.

» l'église grecque, qui le possède maintenant. Tout
» autour de ce pavillon intérieur du sépulcre règne
» le vide de la grande coupole extérieure; on y circule
» librement, et on y trouve, de pilier en pilier, des
» chapelles vastes et profondes, qui sont affectées cha-
» cune à un des mystères de la passion de Jésus-
» Christ; elles renferment toutes des témoignages
» des scènes de la rédemption. La partie de l'église
» du Saint-Sépulcre qui n'est pas sous la coupole
» est exclusivement réservée aux grecs schisma-
» tiques; une séparation en bois peint, et couverte
» de tableaux de l'école grecque, divise cette nef
» de l'autre. Malgré la bizarre profusion de mau-
» vaises peintures et d'ornements de tous genres
» dont les murs et l'autel sont surchargés, son en-
» semble est d'un effet grave et religieux : on sent
» que la foi est venue accumuler les dons de toutes
» sortes dans ce sanctuaire. Un escalier taillé dans
» le roc conduit du sépulcre au sommet du Cal-
» vaire, où les trois croix furent plantées; le Cal-
» vaire, le tombeau et plusieurs autres sites du
» drame de la rédemption, se trouvent ainsi accu-
» mulés sous le toit d'un seul édifice d'une médio-
» cre étendue.

» En pénétrant dans le monument intérieur,
» placé sous la coupole, on visite le tombeau, di-
» visé en deux petits sanctuaires : dans le premier
» se trouve la pierre où les anges étaient assis
» quand ils répondirent aux saintes femmes : *Il*
» *n'est plus là; il est ressuscité!* le second et le der-

» nier sanctuaire renferment le sépulcre, recouvert
» encore d'une espèce de sarcophage de marbre
» blanc, qui entoure et cache entièrement à l'œil
» la substance même du rocher primitif dans lequel
» le sépulcre était creusé. Des lampes d'or et d'ar-
» gent, alimentées éternellement, éclairent cette
» chapelle, et des parfums y brûlent nuit et jour;
» l'air qu'on y respire est tiéde et embaumé; un
» rideau de soie cramoisi forme un double sanc-
» tuaire sous cette voûte. Bien heureux le pélerin
» qui a été appelé à s'incliner dans la prière en
» pareil lieu! »

---

Au sortir de l'église du Saint-Sépulcre on suit la
Voie douloureuse, dont M. de Châteaubriand a
donné un si poétique itinéraire. Jérusalem, à l'exception de ses piscines et des tombeaux des rois,
ne conserve aucun monument des grandes époques.
Cependant les bons religieux prétendent, en dépit
des prophéties accomplies, montrer partout les
stations du Christ, lorsqu'il porta sa croix Les diverses mâsures que l'on montre, pour la maison de
Véronique, la porte du Juif errant, la fenêtre du
prétoire, ont un aspect trop évidemment moderne
pour que la croyance se plie à donner crédit aux
paroles des bons pères. Mais qu'importe l'exactitude géométrique des situations, quand les principaux points de reconnaissance ont été à jamais
marqués par les traditions les plus authentiques.

Jérusalem moderne s'étend sur la même montagne. Le jardin des Oliviers, le Thabor, Gethsémani, le Calvaire, tout est là réuni dans un même espace. et l'une des portes de la ville, appelée du nom de Bethléem, conduit comme autrefois au village où naquit le Sauveur.

La fontaine de Siloé, où s'inspirèrent les prophètes, coule encore ses eaux, tandis que le Cédron a vu » tarir son lit. « Elle est encore creusée de vingt » marches dans le rocher dont la cime portait le » palais de David. La voûte est formée de blocs de » pierre polis par les siècles, et tapissés dans leurs » jointures de mousses humides et de lierre éter- » nel. Les marches de ces escaliers sont usées par » les pieds des femmes qui viennent par générations » successives y remplir leurs cruches.

» C'est là le seul endroit des environs de Jéru- » salem où le voyageur trouve à mouiller ses » mains, à étancher sa soif, à reposer sa tête à » l'ombre du rocher rafraîchi et de deux ou trois » touffes de verdure.

De Jérusalem à Bethléem, la route à cheval ne demande pas plus de deux heures. On se rend d'abord au monastère latin, dont la porte est si basse qu'il faut se plier très-bas pour pouvoir y entrer. C'est un usage commun, établi par mesure de sûreté, et presque toutes les maisons religieuses en Orient rendent l'abord de leurs cloîtres difficil. et les fenêtres rares sur les façades extérieures; cela se voit particulièrement aux monastères isolés.

comme on en trouve plusieurs en Egypte, en Arabie et en Syrie.

Après avoir franchi le guichet d'entrée on se trouve tout-à-coup dans une magnifique église :

Quarante-huit colonnes de marbre, chacune d'un seul bloc, rangées sur deux files de chaque côté, forment cinq nefs, couronnées par une charpente massive de bois de cèdre ; on y cherche en vain l'autel ou la chaire : tout est brisé, dépouillé, délabré, et une muraille grossièrement cimentée partage ce beau vaisseau à la naissance de la croix, et cache ainsi la partie réservée au culte. La poterne d'entrée a été construite pour soustraire ces restes vénérés à la profanation des hordes d'Arabes brigands, qui entraient à cheval jusqu'au pied de l'autel pour rançonner les religieux. La chapelle de la crèche se trouve au fond d'un labyrinte de corridors souterrains qu'il faut parcourir pour arriver à la grotte sacrée. Le tombeau de saint Jérôme, celui de sainte Paule, de sainte Eustochie, le puits des Innocents, se trouvent sur le chemin du berceau du Sauveur. Trente ou quarante lampes illuminent une petite voûte au fond du passage ; un autel construit là occupe l'emplacement de la nativité. Deux pas plus bas, sur la droite, était la crèche. Ces grottes naturelles sont en partie revêtues de marbre pour les soustraire à l'indiscrète piété des pèlerins, qui en déchiraient les parois pour en remporter des fragments. Mais telle que les pères l'ont ornée, la chapelle de la crèche conserve assez

Arabie — le Scheick arabe et l'Archéologue

P. 153

de sa forme primitive pour que l'on reconnaisse parfaitement ce qu'elle était quand Jésus-Christ y vint au monde.

---

## LE SCHEIK ET L'ARCHÉOLOGUE.

Depuis quelques années un archéologue avait entrepris de lever le plan de tous les monuments d'Italie, et d'en écrire l'histoire. — Ses matériaux rassemblés, il sent que la Grèce, mère de la civilisation de l'Italie, devait nécessairement être étudiée d'abord; il retarde sa publication et va explorer la Grèce, afin de commencer son ouvrage d'une manière plus rationnelle. Le temps qu'il consume dans ce travail, l'archéologue ne le compte pas : il a quitté, jeune, sa patrie; des fatigues incalculables l'ont accablé, son œuvre est arrivée à sa fin, il peut repartir cette fois; s'il allait étudier l'Egypte? la guerre l'en empêche; il part pour Chypre, se rend de là à Antioche et à Alep, et se propose de parcourir toute la Syrie, qui offre tant de riches décombres à son observation exercée.

Les amis de M. Seilbert attendaient avec impatience son retour en France et la communication de ses dessins, lorsqu'il envoya simplement de Chypre tout ce qu'il avait recueilli en Grèce et dans l'Archipel, en annonçant que pour compléter son œuvre il passait en Egypte et en Syrie, en commençant, à cause des circonstances, par ce dernier pays. — Son histoire archéologique serait plus complète et définitivement prise dans l'ordre le plus convenable, par rapport à la marche de la civilisation des peuples. Un pareil motif justifiait trop bien la décision de M. Seilbert, pour que ses amis ne l'encourageassent pas de tous leurs vœux. Pour lui, il marchait si simplement à son but, qu'il ne chargea personne d'annoncer dans les journaux ce qu'il avait accompli et ce qu'il allait tenter.

Muni de lettres de recommandation, M. Seilbert débarqua à Antioche, se rendit à Alep, d'où il organisa ses moyens de transport. Un négociant d'Alep l'avertit que la jalouse surveillance des Bédouins rendait son excursion tout-à-fait périlleuse. Les Arabes sont persuadés que les ruines des anciens monuments recouvrent des trésors. Selon eux, les Giaours (chrétiens) possèdent le secret de paroles cabalistiques qui peuvent leur ouvrir les entrailles de la terre, ou même faire voyager sous le sol les monceaux d'or dont ils souhaiteraient de s'emparer. Cette croyance établie est le motif d'une surveillance assidue, pour empêcher tout étranger de s'approcher des ruines, d'en lever les plans, ou d'en mesurer les dimensions.

En vain voudrait-on expliquer aux Bédouins l'usage et le but des instruments de l'art; ils ne comprennent rien à l'infructueuse fantaisie qui appellerait de si loin des hommes savants au milieu des décombres pour en rapporter le dessin. L'incrédulité, mêlée d'une apparence de pénétration qu'ils montrent en pareil cas, est étrangement déconcertante pour les voyageurs pris en flagrant délit.

Il fallut bien que M. Seilbert, à son grand désappointement, se laissât persuader de prendre avec lui une pacotille; le négociant la lui choisit avec le même zèle et le même discernement que si le négoce eût été la principale affaire de M. Seilbert. Des pièces de toiles rouges pour faire des chemises, de l'ambre, des coraux, des chapelets, des mouchoirs de coton, de soie noire et de couleur appelés cafiés, des chemises noires, des épingles, des aiguilles, des peignes en buis, en os, des bagues, des mors de chevaux, des bracelets, de la verroterie, et surtout force produits chimiques, épices et drogues. La somme totale employée à ces approvisionnements effraya l'archéologue, non par intérêt pour l'argent qu'il pouvait perdre, mais parce qu'une diminution dans ses fonds compromettait l'étendue de ses courses.

— Soyez sans inquiétude, lui dit le négociant, tout ce que vous portez est de bonne défaite. Tenez ferme sur le prix, ne vous laissez pas duper, et si vous sortez sain et sauf du désert, vous aurez réalisé en même temps une fort jolie somme.

— Pour gagner, je vous promets bien que je n'y songe pas le moins du monde, répondit M. Seilbert, et j'aimerais mieux, la dépense étant faite, me concilier les bonnes grâces des Bédouins par des présents.

— Double imprudence, mon bon ami, reprit le négociant d'un air de pitié pour la faible organisation de son hôte. Craignez de faire parler de vous de quelque façon que ce soit parmi les tribus errantes. Si vous donnez à pleines mains, on accourra de tous côtés pour avoir part à vos largesses, vous n'aurez pas un moment à vous; si vous paraissez vendre sans chercher le gain, on suspectera vos intentions : faites tout simplement le marchand, c'est le rôle le plus sûr et le plus raisonnable.

— Mais je n'y entends rien, répliqua doucement l'achéologue.

— C'est vrai, dit le négociant d'un air découragé; alors, il vous faut quelqu'un pour vous seconder, pour gérer vos intérêts, je vais m'occuper de vous le chercher.

Deux jours après, le négociant rentra chez lui avec une physionomie radieuse; il était suivi d'un jeune musulman qui était l'homme dont M. Seilbert avait besoin. Sahep savait ferrer un cheval, soigner les bestiaux dans leurs maladies; il avait l'esprit fort mercantile, ne demandait pas mieux que d'aller courir quelque aventure avec l'assurance d'un bon profit. Avec ses talents il se sentait fort contre toutes les chances de voyage. Quant à son patron, il le protégerait de tout son pouvoir, assurait-il. Les conventions d'argent faites, on ne songea plus qu'à déterminer le jour du départ, à organiser les moyens de transport. Sahep s'occupa de trouver deux saïs pour marcher auprès des

chevaux, celui de M. Seilbert et le sien ; un chameau, porteur des bagages et des vivres, et le
moukre chargé de le conduire complétaient la petite caravane.

La première journée du voyage se passa à merveille, d'Alep à Nouarat el Nahamon ; de là à
Khraa Chekbria la route était à peu près déserte,
et à chaque station le marchand improvisé eut tout
lieu d'applaudir au zèle de son commis et à sa
prudence.

En partant du dernier village, Sahep fit une
provision d'eau, de galettes, de pain et de fromage, pour pourvoir aux besoins de la journée.
On se dirigeait vers Hama, où M. Seilbert souhai-
tait infiniment d'arriver : là commençait sa moisson de ruines. Hama est une charmante ville peuplée d'Arabes, de Grecs syriaques, de Juifs,
d'Arméniens et de Turcs ; les eaux de l'Oronte
fertilisent ses jardins. Un château qui s'écroule
complète le pittoresque de son ensemble. Tandis
que Sahep, tout occupé à soutenir la réputation
commerciale de son maître, étalait sa pacotille,
M. Seilbert parcourut la ville, et se glissa furti-
vement entre les murailles démantelées, et, se
croyant seul, commença à étudier l'architecture
du monument ; puis il tira son crayon, traça quelques lignes sur une feuille volante ; aussitôt des
vagabonds qui l'épiaient tombèrent sur lui, et le
conduisirent garrotté comme un malfaiteur chez
le moutzelim qui rendait la justice à Hama. La co-

lère des gens qui apprenaient dans les rues la nature du délit du voyageur excitait toujours de
nouvelles injures de la part de la populace en gue-
nilles de Hama, et l'archéologue se trouva fort
heureux quand le cachot le délivra de cette ef-
frayante cohue. Un interrogatoire, fait par le moutzelim en personne, apprit au négociant qu'il était
accusé en effet de chercher de l'or dans les ruines;
et il ne put arranger son affaire qu'en payant sa
liberté au prix de soixante taellris comptés au
chef de la justice, et cinquante piastres données à
ses gens. « Si nous continuons ainsi, disait Sahep,
après avoir mis tout en œuvre pour aider son
maître, nos profits ne seront pas considérables;
vous avez payé au moutzelim au-delà de ce que
j'ai gagné, de mon côté, à vendre des chemises et
des cafiés.

— Sans le cachot, répondit M. Seilbert, nous
pourrions encore nous féliciter de tout ceci; car
je n'ai été surpris dans le château qu'après mon
dessin achevé, et le moutzelim m'a fort heureusement rendu les pièces de conviction du procès en
me mettant en liberté.

— Quoi! reprit avec étonnement Sahep, vous
tenez réellement à ce malheureux papier?

— Plus que je ne peux le dire, répliqua l'archéologue, bien sûr que son fidèle serviteur ne
tirerait pas parti contre lui de cet aveu, et re-
nonçant à entrer dans des explications hors de sa
portée.

Sahep ne répliqua point; mais, interprétant en lui-même les paroles de son maître, il demeura convaincu que le prétendu négociant était en effet un chercheur de trésors, et il en trouva une nouvelle preuve dans l'insouciance manifeste que montrait M. Seilbert pour les produits de la vente de ses marchandises. Bien loin néanmoins de se détacher de son patron, à cause de cette découverte, Sahep vit sa fortune faite, et se promit de seconder de toute sa prudence les téméraires tentatives de M. Seilbert. Il s'interdit auprès de lui toute question indiscrète, et se reposa sur la générosité connue de son maître pour récompenser plus tard ses services.

En effet, en continuant le voyage, Sahep ne chercha plus à fatiguer l'attention de son maître des détails de la pacotille; il en fit son affaire à lui seul, et se flattait intérieurement qu'un jour, si M. Seilbert rencontrait ce qu'il était venu chercher en Syrie, les marchandises et leur produit lui seraient entièrement abandonnés.

En passant à Homs, Sahep conduisit avec précaution son maître vers la citadelle, mieux conservée que celle de Hama, et qui renferme une source abondante dans un de ses caveaux. Cette source ayant été bouchée pendant quelque temps, rapporte une tradition, les Persans envoyèrent une députation pour prier de la déboucher, et ils payèrent une forte somme pour l'entretien de cette source. Depuis ce temps, l'entrée en est défendue. Toutefois, l'archéologue ne fut point troublé à Homs ; il put remporter le dessin de la citadelle, sans encourir l'amende ni la prison.

A mesure que les marchands avançaient, ils entendaient des récits effrayants sur les cruautés des Bédouins, dont les tribus commençaient à se montrer pour descendre vers le Midi. Le beau temps, l'eau et les pâturages règlent la course des pasteurs nomades. Ils plantent leurs tentes où ces avantages se trouvent, et abandonnent le sol épuisé pour marcher vers d'autres terres parcourues l'année précédente. Autour des ruines, là où s'élevaient autrefois des villages ou des forteresses, ils trouvent plus facilement les conditions de leurs campements. L'archéologue avait donc toutes les chances possibles d'être toujours en lutte avec les Bédouins, en continuant ses découvertes. Quelquefois il consultait Sahep pour savoir si réellement le péril était tel qu'on le lui faisait ; le serviteur rassurait alors son maître, et se montrait prêt à tout affronter pour lui faciliter les moyens de poursuivre son voyage.

De marches en haltes, et toujours vendant et dessinant, M. Seilbert et sa caravane suivirent la route de Palmyre ; ils s'étaient un jour arrêtés devant la tour de Casser el Ourdan, bâtie pour défendre la Syrie contre les invasions des Persans, au temps de l'empire grec, lorsqu'un parti de cavaliers bédouins arriva tout-à-coup devant eux. Un tribut de quelques machlas, d'une pelisse pour le chef, et de cent piastres comptées de bon cœur par Sahep, terminèrent à l'amiable une discussion dont les premiers termes annonçaient des intentions violentes.

A chaque danger franchi, l'archéologue se sentait heureux du péril encouru, et en concluait que la même fortune arriverait toujours à point à son secours.

Palmyre a été bâtie auprès d'un défilé formé par la jonction de deux montagnes. Un ancien rempart, qui a près de trois lieues d'étendue, se voit tout le long de la hauteur qui est du côté du Midi. Le vieux château de Co-Lat-Ebn-Maâen, construit par les Turcs, a pris son nom d'un émir qui gouvernait Palmyre au temps des califes; ce château servait de défense contre les Persans. Une place, appelée la vallée des Tombeaux, est couverte de sépultures qui apparaissent au loin comme des tours. Des niches sont pratiquées dans l'épaisseur pour y déposer les morts, et chaque niche est fermée par une pierre sur laquelle est gravé le portrait de celui qui l'occupe. Les tours ont trois ou quatre étages communiquant entre eux par un escalier en pierre généralement bien conservé.

Une vaste enceinte, que les arabes appellent le Château, est occupée par eux; elle renferme les ruines d'un temple du Soleil. Deux cents familles logent dans ces ruines. C'était la célèbre Palmyre; M. Seilbert pouvait à peine contenir son émotion en y entrant et en. la parcourant. Le prudent Sahep tâchait, croyant son maître arrivé au terme de ses désirs, d'attirer l'attention des tribus sur lui et sur les ballots qu'il promettait de défaire incessamment.

Jamais plus riche moisson ne s'était offerte en un même jour à l'archéologue; que de dessins à prendre! et s'il pouvait emporter quelques-unes de ces figures brisées dont il avait remarqué un grand nombre dans la vallée des Tombeaux! ce serait un précieux trophée à montrer à son retour. L'entreprise n'était pas sans péril, mais l'adresse de Sahep le seconderait, et toute chose irait bien. Dès qu'ils furent établis dans leur logement, M. Seilbert amena insensiblement la conversation sur le sujet qui l'intéressait.

— Eh bien! dit-il à Sahep, avons-nous l'espoir de faire de bonnes affaires ici?

— Cela dépend, répliqua Sahep d'un air à demi rusé : si vous entendez parler du commerce ou de votre goût pour les ruines.

— Mon enfant, continua M. Seilbert, je vois bien que vous m'êtes dévoué; ainsi je peux me confier à vous. Le commerce n'est que le prétexte de mes courses; les monuments antiques sont l'objet de mes soins exclusifs. Pour des débris de colonnes, pour des statues mutilées je donnerais sans hésiter ces marchandises, qui nous causent de si grands embarras dans nos courses.

— Je m'en doutais bien, reprit Sahep; et son

visage animé exprimait toute la portée qu'il donnait à ce peu de mots. M. Seilbert n'y fit pas attention.

— Connaissez-vous un moyen de prendre et d'emporter, sans péril pour nous, quelques débris que je vous indiquerai?

— Nous y parviendrons, dit brièvement l'Arménien.

— Comment s'y prendre?

— Puisque vous ne tenez pas à nos bagages de vente, je puis en déposer une partie ici en sûreté chez un Arménien de mes amis; il m'en donnera un reçu, et réglera le produit à mon retour.

— Bien, bien! interrompit M. Seilbert; et après?

— Le chameau peut porter une lourde charge; nous mettrons dans les ballots tous les décombres qui vous paraîtront propres à l'accomplissement de vos desseins; j'aurai soin de donner à l'ensemble de la charge l'apparence convenable.

En se prêtant de bonne grâce à commettre une si haute imprudence, Sahep était mu par l'appât de l'or. Il n'avait pas la moindre pensée qu'on pût, par amour des ruines, exposer sa vie; et le désir inexpliqué de son maître, il l'interprétait selon sa passion à lui. « Sans doute, se disait-il, ces fragments que M. Seilbert veut emporter sont nécessaires aux enchantements qu'il compte employer pour attirer en quelque lieu sûr les trésors cachés sous les ruines de Palmyre. »

Plusieurs jours furent employés aux préparatifs

convenus; M. Seilbert et Sahep, conduits par l'Arménien en qui il devait placer sa confiance, visitèrent les ruines dans le plus grand détail. Un jour ils trouvèrent beaucoup de monde sur une place, occupé à entourer de bois une très-belle colonne de granit. On dit au voyageur que c'était pour la faire tomber par le moyen du feu, afin d'avoir le plomb qui se trouvait dans les jointures. Alors M. Seilbert dit à Sahep : « Voyez si vous pouvez empêcher ces gens d'abattre cette précieuse colonne, et offrez-leur de ma part le double du prix qu'ils espèrent retirer du plomb qui les tente. »

Sans adresser la moindre observation à l'archéologue, Sahep s'empressa de lui obéir. Les idées que l'Arménien s'était faites sur son maître lui donnaient une soumission aveugle à ses désirs, et la promptitude d'exécution d'un esclave d'Orient. La colonne resta debout, et les Bédouins se partagèrent en riant les cent piastres que Sahep leur compta.

Quelques jours après, les Turcs vinrent offrir à M. Seilbert de le mener plus loin encore dans une grotte plus curieuse que la précédente, mais dont l'entrée, obscure et étroite, était impraticable. Comme il fallait s'aventurer jusqu'à trois lieues au-delà de Palmyre, une bonne escorte devenait indispensable. M. Seilbert la demanda au scheik : celui-ci accorda huit hommes; mais il dit au Français que jamais il n'avait encore vu à Palmyre un négociant aussi peu soucieux de ses affaires de commerce et si occupé de découvertes futiles. Cette observation donna à penser à l'archéologue qu'il était temps qu'il continuât son voyage. Toutefois il voulait voir la grotte, et il s'y rendit.

Avec l'escorte, on se munit encore de torches et d'un peloton de ficelle, pour ne pas perdre le fil du labyrinte. Un clou, fixé à l'entrée de la grotte, retint la ficelle, et les guides partirent en avant, les torches allumées. Une armée toute entière logerait dans les profondeurs de la grotte tortueuse. On monte, on descend, on va à droite et à gauche, sans en trouver le fond. M. Seilbert étudia avec grand soin la nature du sol, de la voûte et des parois de l'excavation. Il y trouva de l'alun, du soufre et du nitre, puis une espèce de terre rougeâtre très-fine, dont il mit une poignée dans son mouchoir, qu'il plaça dans sa poche.

La ficelle était au bout; il ne fallait pas s'aventurer au-delà; M. Seilbert parla le premier de revenir sur ses pas.

« Eh bien! dit le scheik au curieux, lorsqu'il les vit revenir, qu'avez-vous gagné à cette excursion?

— Je me suis de nouveau convaincu, reprit M. Seilbert, que les anciens avaient plus d'habileté que nous; et là où les difficultés nous arrêtent, ils savaient trouver des moyens de prospérité. »

Un froncement de sourcil de l'Arabe annonça que les réflexions du Giaour lui étaient suspectes, et l'entretien fut rompu. Vers le soir, M. Seilbert se fit apporter par Sahep le mouchoir laissé dans la poche de l'habit quitté; le linge était brûlé en plusieurs endroits.

« — C'est bien, dit M. Seilbert à l'inspection de la terre; j'en étais sûr. Les travaux que nous avons vus dans la grotte me prouvent que les Anciens ont tiré de l'or de cet endroit, et peut-être y en a-t-il encore; mais ce n'est pas moi qui me chargerais de parler de cette découverte aux Arabes.

— Je conçois cela, dit Sahep; la science doit profiter d'abord à celui qui la possède. N'avez-vous pas remarqué, mon cher maître, continua l'Arménien, que le scheik ne vous voit pas de bon œil? Pour votre sûreté, je vous engage, avant de partir, de trouver moyen de lui faire prendre un repas avec vous. Quand vous aurez rompu le pain et mangé le sel ensemble, l'engagement de ne pas vous nuire lui deviendra sacré; sans cette mesure, je ne suis pas tranquille. »

Si Sahep était docile aux ordres de son maître, M. Seilbert ne montrait pas moins de condescendance pour les conseils de son homme d'affaires: il le chargea donc aussitôt d'aller prier l'Arabe de venir, avec toute sa suite, déjeûner le lendemain chez lui. Le scheik accepta, et le départ de M. Seilbert fut fixé au jour suivant. La nuit se passa à aller enlever les fragments de ruines dont on put s'emparer, et à préparer le chargement du chameau de manière à tromper tous les yeux.

On avait disposé une tente et des tapis pour recevoir le scheik. Le déjeûner, apprêté à la manière des Arabes, parut excellent aux hôtes invités ; un mouton, du riz, des pâtisseries, des dattes, des fruits secs, du café, offerts à profusion, donnèrent aux Arabes une haute idée de la somptuosité des Frangis. Le repas ne finit pas, sans que les promesses les plus bienveillantes n'aient été faites de la part du scheik pour assurer le voyage de M. Seilbert à travers les tribus dont il était l'allié.

Sept Arabes de la tribu d'El-Hassnné étaient venus voir le scheik pendant son repas ; ils lui expliquèrent que leur voyage à Palmyre avait pour but de s'emparer d'un Bédouin de la tribu d'El-Daffir, qu'ils savaient près de regagner ses tentes, après avoir accompli un voyage à Palmyre. Celui qu'ils poursuivaient fut averti du danger dont il était menacé. Il vint en toute hâte acheter un feutre chez Sahep, et, l'ayant mis à tremper, il l'attacha tout mouillé sous la selle de sa jument. Deux heures après, cette jument eut une diarrhée très-forte qui dura toute la soirée, et le lendemain elle semblait n'avoir plus rien dans le corps. Le Bédouin se mit en route longtemps avant M. Seilbert, et lorsque celui-ci reprenait paisiblement sa route, il vit revenir à toute bride les sept Bédouins de la veille, qui rentraient à Palmyre sans ramener la jument de l'ennemi qu'ils avaient juré de tuer.

Questionnés sur le succès de leur poursuite, ils répondirent « que pour ne pas mettre le trouble

» dans la ville, ils avaient résolu d'attendre leur en-
» nemi en rase compagnie, et qu'en effet, étant sept
» contre lui, ils ne tardèrent pas, en le voyant dans
» la plaine, à fondre sur lui et à l'entourer. Le
» Daffir, se sentant cérné, a poussé un grand cri
» en disant à sa cavale : « Jah hamara! c'est au-
» jourd'hui ton tour ! » et il est parti comme l'é-
» clair. Nous l'avons poursuivi jusqu'à sa tribu
» sans pouvoir l'atteindre ; jamais on n'a vu une vi-
» tesse semblable à sa jument, qui ressemblait à un
» oiseau fendant l'air avec ses ailes. » Sahep leur raconta l'histoire du feutre ; ils en demeurèrent confondus, n'ayant, disaient-ils, aucune idée d'une
pareille sorcellerie.

Le scheik de Palmyre était le fils de l'émir Mé-
hanna-el-Fadel, chef de tribu de Méhanna, que
les voyageurs ne tardèrent pas de rencontrer dans
la plaine ; le scheik El-Fadel n'avait pas moins de
quinze cents tentes sous son obéissance ; son fils lui
avait envoyé un message en faveur des étrangers.
L'émir les reçut avec toute la somptuosité possible : il fit tuer un chameau pour régaler ses hôtes ;
et c'était une marque de haute distinction. Les
Bédouins mesurent à l'importance de l'étranger
l'animal qu'ils tuent pour le recevoir. On commence par un agneau et on finit par un chameau.
La chair de ce dernier animal est assez fade.

« L'émir Méhanna était un homme de quatre-
» vingts ans, petit, maigre, sourd, et très-mal vêtu.
» Sa haute influence parmi les Bédouins vient de

» son cœur noble et généreux, et de ce qu'il est
» chef d'une famille très-ancienne et très-nom-
» breuse. Il est chargé par le pacha de Damas d'es-
» corter la grande caravane jusqu'à La Mecque,
» moyennant vingt-cinq bourses (douze mille pias-
» tres) qui lui sont payées avant le départ de Da-
» mas. Il a trois fils, tous trois mariés et habitant la
» même tente que leur père. Cette tente a soixante-
» douze pieds de long et autant de large; elle est
» de toile de crin noir, partagée en trois parties.
» Dans le fond on garde les provisions et on fait
» la cuisine; les esclaves y couchent. Au centre se
» tiennent les femmes, et toute la famille s'y retire
» la nuit. Le devant est destiné aux hommes.
» C'est là qu'ils reçoivent les étrangers; cette par-
« tie s'appelle Rabba. »

Pendant les trois premiers jours que les voyageurs passèrent parmi les sujets de Méhanna, ils
firent encore des démonstrations de vente, et surent se concilier la protection des femmes en dis-
tribuant des chapelets et des cafiés, et comme ils
n'étaient pas sans inquiétude sur les conférences
qui se tenaient dans le conseil de l'émir, les femmes assurèrent aux étrangers qu'ils n'avaient rien
à redouter de la tribu de Méhanna, et que les
pourparlers des chefs avaient seulement pour objet
des préparatifs de guerre contre la tribu des Del-
firs.

« En effet, le lendemain, Méhanna donna l'or-
» dre d'une marche dirigée contre les ennemis

» s'aventurer entre les deux partis n'était pas pru-
» dent ; puisque l'émir avait offert sa protection
» aux voyageurs, ils acceptèrent de marcher sous
» son escorte jusqu'à la première vallée. Au lever
» du soleil, on ne vit pas une seule tente dres-
» sée ; toutes étaient pliées et chargées, et le dé-
» part commença dans le plus grand ordre. Une
» vingtaine de cavaliers choisis formaient l'avant-
» garde et servaient d'éclaireurs. Venaient en-
» suite les chameaux sans charge et les troupeaux,
» puis les hommes armés, montés sur des chevaux
» ou des chameaux ; après eux, les femmes ; celles
» des chefs portées dans des haudags placés sur le
» dos des plus grands chameaux. Ces haudags,
» sorte de palanquins, sont très-riches, soigneu--
» sement doublés, couverts en drap écarlate, et
» ornés de franges de diverses couleurs ; ils con-
» tiennent commodément deux femmes, ou une
» femme et plusieurs enfants. Les femmes et les
» enfants de rang inférieur suivent immédiate-
» ment, assis sur des rouleaux de toile de tentes
» arrangés en forme de siége et placés sur des
» chameaux. Les chameaux de charge, portant les
» bagages et les provisions, sont derrière. La mar-
» che était fermée par l'émir Méhanna, monté sur
» un dromadaire à cause de son grand âge, et en-
» touré de ses esclaves, du reste des guerriers et
» de ses serviteurs qui marchaient à pied. On ne
» saurait trop admirer la célérité et l'ordre avec
» lesquels s'effectue ainsi le départ de huit à neuf

» mille personnes. Après dix heures de marche on
» s'arrêta dans une belle plaine. Les Bédouins en-
» tendent le signe de halte, ils se dispersent, sau-
» tent à terre, plantent leurs lances et y attachent
» leurs chevaux ; les femmes courent de tous côtés
» et dressent leurs tentes près du cheval de leur
» mari. Aussi, comme par enchantement, une ville
» immense naît tout-à-coup au milieu des plaines
» qu'un instant auparavant on aurait crues con-
» damnées à une solitude éternelle.

» Les femmes sont seules chargées de dresser
» et de lever les tentes ; elles s'en acquittent avec
» une adresse et une rapidité surprenantes. Elles
» font généralement tous les travaux du campe-
» ment. Les hommes conduisent les troupeaux,
» tuent les bestiaux et les dépouillent. Le costume
» des femmes est très-simple ; elles portent une
» grande chemise bleue, un machlas noir et une
» espèce d'écharpe de soie noire qui, après avoir
» couvert la tête, fait deux fois le tour du cou et
» retombe sur le dos. Elles n'ont pas de chaussure,
» excepté les femmes des scheiks, qui portent des
» bottines jaunes ; leur ambition et leur luxe est
» d'avoir un grand nombre de bracelets ; elles en
» portent en verre, en pièces de monnaie, en co-
» rail et en ambre. »

Comme l'eau et les pâturages étaient abondants
en cet endroit, M. Seilbert supposa que les Bédouins y resteraient longtemps ; il se disposa à
prendre congé de Méhanna, à se risquer avec sa

faible escorte dans la route qu'il devait suivre. Sahep n'avait pas cessé de faire bonne garde auprès du chameau, dont la charge mystérieuse était restée intacte. Tant de zèle pour des intérêts dont il ne pouvait pas apprécier l'importance touchait infiniment M. Seilbert en faveur de son commis ; il se promettait bien de le récompenser ; mais ce que l'archéologue pouvait offrir restait fort audessous des espérances toujours croissantes de Sahep. Ni l'un ni l'autre, fort heureusement, ne se communiquait ses réflexions secrètes, car jamais l'Arménien n'aurait joué sa vie dans l'intérêt des sciences, et la probité de M. Seilbert se serait refusée à accepter un dévouement basé sur la ridicule supposition qui faisait agir son commis.

L'émir représenta inutilement aux voyageurs que leur faiblesse et leur isolement n'étaient pas sans danger, à cause de la guerre qui divisait en ce moment les tribus arabes. M. Seilbert ne pouvait pas s'arrêter au milieu du campement ou ne plus avancer qu'au gré du chef de Méhanna. Il partit. A la première halte dans le désert, Sahep profita du moment où le moukre et les saïs dormaient pour entamer un entretien sacré avec son patron.

— Monsieur, dit-il à M. Seilbert, l'attachement que je vous porte m'a fait condescendre à vous seconder dans toutes vos entreprises, et si j'en ai deviné le but, croyez bien que je ne vous trahirai pas, au prix de ma vie. Vous voilà possesseur de matériaux précieux sans doute ; votre portefeuille n'est pas moins riche de dessins ; croyez-moi , il serait temps d'en finir, de réaliser votre plan, car si les Bédouins de la tribu de Daffir nous rencontrent, la charge actuelle du chameau peut nous perdre. Il vaudrait mieux pour nous, ajouta-t-il avec finesse, que de l'or remplaçât ces pierres : d'abord cela ferait moins de volume, et vous ne manqueriez peut-être pas de moyen de soustraire votre trésor à tous les yeux. Si par malheur, au contraire, il fallait le porter ostensiblement, du moins après nous avoir dépouillés, les Arabes nous laisseraient la vie sauve, tandis que s'ils voient les décombres, la rage de ces hommes les rendra des tigres sans pitié à notre égard.

— Je m'attendais bien, mon cher Sahep, répondit avec douceur M. Seilbert, à votre découragement, et je n'ai pas cessé d'admirer le zèle que vous m'avez témoigné jusqu'ici ; mais pour suivre le conseil que vous me donnez, il faudrait que je fusse près d'un port de mer ; partout ailleurs, à moins d'abandonner ici cette riche moisson et de ne la revoir jamais, ma bonne volonté est impuissante à faire ce que vous me proposez. Voyez si vous trouvez sage de me laisser suivre seul le reste de ma route. Je vous paierai vos soins passés au prix convenu, et vous aurez pour retourner sur vos pas le cheval que vous montez, un saïs à vos ordres, une tente et la moitié de nos provisions.

— Moi, vous abandonner ! s'écria Sahep ; mon

cher maître, n'y pensez pas, et croyez bien que c'est surtout pour vous que je conçois des alarmes, car j'aurai, pour ma part, plus d'une ressource auprès des Arabes pour en obtenir ma grâce, en cas de péril. Puisque le lieu où vous êtes n'est pas propice à vos expériences, continua Sahep d'un ton plus mystérieux, dites-moi où je dois encore vous conduire?

— J'ai un vif désir d'arriver à Balbek.

— Nous y serons avant deux jours.

— Mon cher ami, dit M. Seilbert, si mes faibles moyens personnels restaient au-dessous de ma reconnaissance, croyez que j'emploierais tout mon crédit, en rentrant en Europe, pour vous faire récompenser par le roi de France de tout ce que vous faites pour m'être utile. Mon entreprise intéresse un grand nombre de personnes du plus haut mérite, et vous participerez aux honneurs et avantages dont on va m'accabler. »

Tous deux pensaient s'être suffisamment compris, et cet entretien ne les éclaira ni l'un ni l'autre.

— Allons vers Balbek, se disait l'Arménien; les ruines de l'ancienne ville sont, en effet, les plus considérables de la Syrie, et M. Seilbert connaît ce pays, qu'il visite pour la première fois, comme un homme qui possède la science de toute chose.

Rien ne troublait la solitude du désert; la petite caravane s'avança jusqu'à la plaine où commencent les ruines, sans éprouver la moindre inquiétude. Des tronçons de colonnes, des blocs de marbre, des chapiteaux de colonnes, jonchaient le terrain longtemps avant que l'on rencontrât une construction encore unie; puis on vit le village arabe ruiné qu'on appelle Balbek. Des forêts de colonnes, les unes brisées, les autres renversées, d'autres encore debout et unies entre elles, montrent les restes de temples anciens renversés, auxquels d'autres temples, construits des premiers débris, ont succédé, pour tomber à leur tour sous la main du temps.

Des chrétiens grecs habitent une petite partie des décombres, et l'évêque de Balbek occupe une mâsure au milieu de son troupeau, composé de familles de pasteurs. La population de Balbek est mobile; quelquefois une tribu nomade y passe quelque temps, puis l'abandonne, et la rend à sa solitude. Un intervalle de grandes ruines tout-à-fait désertes sépare le campement des Arabes mahométans de celui des Arabes chrétiens. Les uns et les autres sont nichés sous des toits de chaume, entre des pierres couvertes de sculptures admirables, que la science paierait au poids de l'or. Ces ruines couvrent deux collines et la plaine qui les sépare. Les anciens murs de Balbek sont formés par des pierres qui ont dix-huit pieds de longueur; les temples splendides, leurs colonnes gigantesques, les péristyles élevés, semblent avoir été construits pour des générations athlétiques, dont les modernes ne seraient plus que le pâle reflet. Jamais tableau plus complet du passé n'avait été offert dans un même cadre à l'archéologue; son ravissement tenait du délire; la terre de Promission ouverte spontanément au peuple de Dieu en ses jours de détresse, l'Éden rendu à nos premièrs pères après leur chûte, ne les eût pas faits plus heureux que ne l'était M. Seilbert en contemplant de pareilles scènes. Ses crayons en esquissaient mille fois les aspects; puis il marchait et se baissait à chaque pas pour relever les membres épars des statues, les acanthes des corniches, ou pour admirer de près des tronçons de colonnes, des chapiteaux ciselés, des architraves, des volutes, des corniches, entablements, piédestaux, torses de statues, tout cela confus, groupé en monceaux, disséminé, ruisselaient de toutes parts. Quand quelque fragment semblait de dimension à pouvoir être transporté, M. Seilbert le montrait du doigt à Sahep, et l'intelligent serviteur mettait en un monceau à part ce qui devait augmenter la collection déjà commencée à Palmyre. La provision faite, tous deux viendraient en un jour favorable augmenter la charge du chameau.

Pour mieux détourner l'attention des Arabes, les voyageurs vendaient force machlas, cafiés, drogues, épiceries, bracelets et chapelets, et ils parlaient d'aller à Damas acheter du café Moka au passage de la caravane de La Mecque. Tout allait bien, lorsque les figures d'Arabes errants se mon-

trèrent à Balbek et annoncèrent qu'ils devançaient
le gros de la tribu des Daffirs en marche pour se
rendre dans la ville. Cette nouvelle détermina
promptement l'archéologue à continuer sa route.
La recommandation de l'émir Méhanna serait plus
dangereuse qu'utile auprès de ses ennemis; une
prompte fuite devenait urgente. Dès le lendemain
M. Seilbert et Sahep conduisirent le chameau au
bas de la colline où ils avaient déposé leur réserve.
Une excavation, en forme de grotte, recélait les
fragments choisis; ils eurent bientôt fait d'empa-
queter ces nouvelles richesses, d'en déguiser l'apparence et de les fixer sur le chameau. Telle était
l'ardeur de leurs soins, que M. Seilbert ni Sahep
n'entendirent pas arriver plusieurs cavaliers
arabes auprès d'eux, et qu'ils étaient faits prisonniers les mains pleines de décombres, et le chameau encore plié pour se laisser charger. La colère des Bédouins, les regards farouches qu'ils pro-
menaient sur leurs captifs en prononçant des ana-
thèmes sur eux, ébranlèrent le courage de M. Seilbert, et causaient une vive émotion à Sahep. En
suivant leurs guides brutaux, ils s'élevèrent sur la
colline et virent que la tribu des Daffirs était arrivée. On mena les coupables devant la tente de
l'émir. Les Giaours avaient pénétré dans les ruines, et leur but était d'y chercher des trésors.
Retenu sous sa tente par une maladie aiguë, l'émir
fit approcher les prisonniers, et leur demanda,
avec un accent plein de colère, de quel droit ils

venaient ravir aux ruines les richesses qu'il avait plu aux ancêtres des Arabes d'y enfouir?

— Seigneur, dit humblement Sahep, nous sommes de pauvres marchands qui avons vendu presque sans profit une pacotille faite exprès pour les Arabes, et nous voulions essayer, mon maître et moi, si les pierres de ces temples ne se vendraient pas quelque argent, en les portant à Damas ou à Baïrouth, où sont beaucoup d'Européens amateurs de ces curiosités.

— Nous savons de quoi les Giaours sont capables, reprit l'émir, et jusqu'ici ma prudence n'en a épargné aucun; ainsi vous pouvez tous les deux vous préparer à mourir.

M. Seilbert fit un mouvement de regret; il perdait tout espoir de réaliser son entreprise, déjà si avancée.

Sur un signe de l'émir, un esclave tira son sabre et s'avança sur les prisonniers.

Mon maître, dit Sahep, en s'approchant de M. Seilbert, daignez racheter votre vie et la mienne en livrant votre secret à cet émir.

— Et quel cas en fera-t-il? demanda tristement l'archéologue. J'allais être si utile à ma patrie!

— N'y songez plus, visez à vous conserver vous-même; notre vie doit nous être plus précieuse que la richesse.

— La richesse! m'en suis-je jamais inquiété? dit avec fierté M. Seilbert; ma fortune est presque absorbée par les voyages que j'ai entrepris; mais

cet espoir de revenir parmi les miens, de décrire
aux savants les lieux que j'ai parcourus, de leur
montrer ces pièces conquises au prix de ma vie,
de leur dire : — Je les ai recueillies au pied de ruines encore debout; le monde civilisé n'a rien produit qui égale ce que les temps héroïques nous ont
laissé. — Voilà ce que je perds; auprès de cela
quel intérêt peut me toucher?

— Oh! si je l'avais su, dit Sahep, combien je
me serais opposé à tous vos actes de folie! »

L'émir laissait discourir les captifs, qui s'expri-
maient en français; il espérait que quelque offre de
rançon serait la suite de leur entretien. Lui aussi
pensait que le Français possédait le secret de s'ap-
proprier des trésors.

Pour Sahep, quand il sut bien qu'il avait été
dupe de sa propre crédulité, il songea à se tirer
d'affaire par quelque expédient naturel, puisque la
sorcellerie de son maître lui faisait tout-à-fait faute.

« Seigneur, dit-il à l'émir, jamais personne n'a
pu résister à votre puissance, et nous voilà, mon
maître et moi, prêts à mourir, si telle est votre volonté; mais sachez que ce Français est un médecin renommé, qu'il peut rendre la santé aux malades et que son art bienfaisant s'exerce aussi avec
infiniment de succès sur les chevaux. Moi j'ai appris l'état de maréchal, je travaille assez bien en
sellerie, et j'aimerais mieux finir ma vie au service de la tribu des Daffirs que de périr pour une
faute irréfléchie.

« — Ceci peut en effet changer quelque chose à ma décision, continua l'émir en faisant signe à l'exécuteur de se retirer. Je vous donne jusqu'à demain, toi pour ferrer tous les chevaux de la tribu qui en auront besoin; à ton maître, pour guérir ceux qui souffrent; et j'agirai alors selon ce que vous aurez mérité.

— Pour preuve de ma sincérité, dit Sahep, vous pouvez voir les fioles que notre chameau porte, et c'est par l'habile mélange de ces médicaments que mon maître opère des merveilles. »

Le sursis accordé par l'émir laissait peu d'espoir à M. Seilbert, malgré le talent dont l'avait subitement doté l'intelligent Sahep; sur l'ordre du chef on les lia tous deux étroitement, et la première prescription du docteur dut être faite sur l'émir lui-même. Quand à Sahep, deux Arabes l'emmenèrent dans la plaine, à quelques pas de là, et, gardé à vue, il dut commencer ses opérations comme maréchal-ferrant, et il s'en acquitta assez diligemment. Quelle était la maladie de l'émir? M. Seilbert ne savait trop comment la deviner; seulement connaissant l'opinion des Arabes sur les médicaments, et assuré que l'émir estimerait comme salutaire la potion qui produirait un effet sensible, il prit une boîte de pilules, en mélangea quelques-unes dans du riz, et les fit avaler au chef des Daffirs.

Si la prescription était faite à propos, et si Sahep eût pu arriver à la fin de sa tâche, personne n'eut le temps de le savoir. L'émir Méhanna avait appris que les Daffirs venaient d'arriver, et aussitôt, quittant Palmyre, il s'avança au-devant de ses ennemis ; un combat s'engagea, les Daffirs vaincus prirent la fuite, la tribu de Méhanna occupa les ruines de Balbek et prit possession de la tente de l'émir et des prisonniers, qu'il reconnut bientôt pour les hôtes dont il avait inutilement voulu protéger le voyage.

Après sa victoire, Méhanna El-Fadel marcha sur Damas, où il allait prendre les pèlerins. M. Seilbert ni Sahep n'eurent plus l'idée de s'aventurer hors de l'égide protectrice du chef, et le reste de leur course s'accomplit sans nouveaux obstacles. Méhanna toléra même le transport des ruines après que M. Seilbert lui eut raconté sa mésaventure et le *désappointement* de Sahep.

Damas est une des villes les plus intéressantes de l'Orient. Comme tout semble immuable dans la civilisation des peuples soumis à l'islamisme, la description que Guillaume de Tyr nous a laissée de Damas, dans ses chroniques écrites au douzième siècle, peindrait encore aussi bien cette ville que la description toute récente de M. de Lamartine.

Ce sont les mêmes jardins, les mêmes vergers, formant une ceinture autour de la ville. Dans l'enceinte, de petites rues sales et étroites, des palais d'apparence sombre et délabrée au dehors, et à l'intérieur un luxe merveilleux. C'est à Damas que se rejoignent les caravanes de Bagdad et celles de Syrie, pour n'en faire qu'une en se rendant à La Mecque.

Au départ elle compte quelquefois jusqu'à cent mille pèlerins, mais leur nombre est ordinairement affaibli de moitié au retour. Les épidémies, la fatigue, les privations, sèment de cadavres la route qui conduit à La Mecque. Souvent aussi la caravane est attaquée, et les Wahhabites, secte réformée de l'islamisme, inquiètent souvent la marche des pèlerins.

La communion grecque domine en Orient. Parmi les chrétiens à Damas, on compte trente mille Arméniens ou Grecs; cependant des religieux français habitent aussi cette partie de la Syrie; ils se consacrent à l'instruction des pauvres enfants arabes.

On reconnaît encore l'église de Saint-Jean Damascène dans la principale mosquée de Damas. De lourds rideaux en ferment l'entrée, et il y aurait péril de mort pour un chrétien qui profanerait un de ces lieux du culte mahométan en y pénétrant.

Le voyageur qui approche de Damas croit voir devant lui un vaste camp de tentes coniques, élevées de dix ou douze pieds sur le plan du terrain; mais en approchant on reconnaît une multitude de coupoles servant de toiture aux maisons; c'est une précaution contre l'hiver pluvieux pour garantir les murailles de terre mêlée de paille de se fendre sous l'influence de l'humidité de la mauvaise saison. Une couche de marne d'un blanc rougeâtre recouvre les toits et leur donne une belle apparence.

Dans l'intérieur de la ville les constructions étant plus solides, les maisons ont des toits plats, peu de fenêtres, des portes fort petites et des façades sans ornements; ce qui, joint au silence des rues, donne à la ville un aspect triste et monotone.

Les rues sont bien pavées, avec des trottoirs un peu élevés de chaque côté, d'une largeur régulière, mais sans alignement.

« Damas, comme presque toutes les villes musulmanes, ne renferme aucune place publique; l'usage de laisser de grands espaces vides au milieu des villes pour les aérer et les embellir est entièrement inconnu aux Orientaux. Leur premier soin est de donner peu de largeur aux rues, afin de pouvoir les couvrir avec des feuillées de plantes grimpantes qu'on fait passer en berceau d'une terrasse à l'autre.

» Les boutiques sont encombrées de marchandises, surtout de soieries, de toiles de l'Inde et de Perse, fabriquées à Damas. On compte dans cette ville plus de quatre mille fabricans d'étoffes de soie et de coton; mais on ne travaille pas le lin, qui n'est même pas cultivé dans le pays.

» Après les magasins d'étoffes, les boutiques des selliers sont les plus nombreuses. La Turquie, l'Égypte et l'Afrique consomment les étoffes de soie ; et quant aux objets de cuir, les Arabes qui peuplent les déserts voisins jusqu'à Médine et à Bagdad n'ont pas d'autre marché de prédilection que celui de Damas.

» Les armuriers forment aussi une branche considérable de l'industrie du pays, quoique la célèbre manufacture de sabres damasquinés n'existe plus : aussi les armes qui en sont sorties passent-elles de main en main en augmentant toujours de valeur.

» A toute heure les bazars sont remplis de la foule. On y trouve de tout, et les rues au contraire n'ont pas une boutique. Blancs, noirs, mulâtres, de quelque caste, de quelque nation, de quelque religion qu'ils soient, les Européens exceptés, jouissent dans les bazars de la liberté la plus parfaite et d'une entière égalité. On les voit dans les cafés, les uns avec leur narguilé ou pipe persanne à la bouche, les autres jouant aux échecs ou à d'autres jeux.

» Les bazars renferment aussi des bains qui ont une apparence magnifique. Le premier salon, qui est vaste et éclairé par de grandes croisées sur la rue, est surmonté d'une belle coupole en bois ornée d'arabesques. Autour du salon règne une galerie élevée où sont placés les matelas ; en sortant du bain les hommes viennent gravement s'asseoir là, enveloppés dans des serviettes, ce qui forme une réunion de figures assez plaisantes à voir.

» Damas renferme plus de cinq cents maisons qu'on pourrait appeler des palais; mais comme toute leur magnificence ne se fait sentir qu'à l'intérieur, ces demeures ne contribuent en rien à l'ornement de la ville.

» Une église grecque, une église maronite, une église syriaque, une église arménienne, trois couvents de moines franciscains, l'un composé d'observantins espagnols, les deux autres de capucins italiens, représentent, sous le nom de missionnaires, toutes les communions chrétiennes. Mais le patriarche grec d'Antioche exerce une sorte de suprématie sur toutes les églises; et c'est à lui que reviennent, par les mains de son délégué, les honoraires des mariages, des baptêmes et des enterrements qui se font à Damas.

» Les Juifs ont huit synagogues; ils sont moins considérés que les chrétiens et ne peuvent pas plus qu'eux se servir d'ânes ou de chevaux dans l'intérieur de la ville. Un Européen, ne peut, sans risque, se montrer à Damas dans le costume de son pays; il doit cacher avec grand soin son origine sous les vêtements du Levant.

» L'habillement des habitants de Damas est un mélange du costume arabe et du costume turc. On fait communément usage de la capote arabe à grandes ou à larges raies. Le haut bonnet turc ( kaouk ) est seulement porté par les Turcs, et rarement par les Arabes. Ceux-ci se couvrent la tête avec un bonnet rouge d'une grandeur démesurée et d'une largeur à peu près semblable, qui pend en arrière de plus d'un demi-pied; un châle en mousseline ou en soie rayée leur entoure la tête et passe en-dessous de la partie pendante du bonnet.

» On fait pareillement usage d'une chemise ou capote à raies étroites blanches et noires, semblable aux djàlabias du Maroc, avec la seule différence qu'elles sont chargées par derrière de broderies nuancées en toutes couleurs.

» Les femmes se couvrent de la tête aux pieds avec de grands voiles de coton blancs; elles portent de larges pantalons qui dépassent quelquefois le voile. Dans les rangs élevés, les femmes de Damas sont sages et modestes; elles conversent avec grâce, sans jamais perdre la dignité qui leur convient; dans le peuple, au contraire, les femmes sont très-libres dans leur tournure et dans leurs propos. Toutes portent sur le visage un mouchoir de soie transparent à fleurs peintes; mais plusieurs d'entre elles rejettent ce mouchoir en arrière, et comme le voile s'ouvre et se ferme à volonté, on peut souvent entrevoir des visages de femmes qui sont généralement très-beaux et dont le teint a un éclat remarquable.

» Damas renferme une vingtaine de grandes écoles et beaucoup de petites pour les enfants. Les hautes études se font dans cinq écoles; mais, comme en Turquie, l'instruction se borne à la science de la religion et à un cours de législation ou de jurisprudence. »

# EXTRAIT DU VOYAGE DE NIEBUHR

## dans l'Yémen.

Tous les Arabes errants ont à peu près le même genre de vie : les campements des tribus de l'Yémen ressemblent aux campements des tribus de l'Égypte et de l'Arabie. Les tentes des pasteurs sont habituellement soutenues par sept ou neuf bâtons, dont trois sont plus hauts que les autres, et celui du milieu est le plus haut de tous. Les pavillons qu'ils supportent sont d'une toile épaisse, noire ou rayée de noir et de blanc, que les femmes font elles-mêmes. Ces tentes sont quelquefois divisées en deux ou trois appartements, l'un pour les femmes, l'autre pour les hommes, lorsqu'ils ne veulent pas être ensemble, et le troisième pour les bêtes. Ceux qui n'ont pas de quoi payer une tente étendent une toile sur quatre ou six pieux, et d'autres tendent leur toile auprès d'un arbre ou cherchent à se mettre à l'abri de la chaleur et de la pluie dans le creux des rochers. Dans les pays chauds, la transition de l'air est très-sensible des endroits ombragés à ceux exposés au soleil. Dès qu'ils rencontrent des arbres, les Arabes aiment à camper sous leur abri. Il n'y a guère de meubles dans ces tentes, mais constamment une natte de paille, qui sert de chaises, de tables et de lits. Les habits, ou autres choses que possède un Arabe distingué, sont enfermés dans des sacs placés contre le pan de toile de la tente. Leur batterie de cuisine est facile à transporter : les pots sont de cuivre étamé, les plats sont de même métal ou de bois. Leur foyer est bientôt construit ; ils posent leurs pots sur des pierres espacées ou sur un trou creusé en terre. Ils ne se servent ni de couteaux, ni de fourchettes, ni de cuillères ; un morceau de cuir leur tient lieu de nappe, et ils y gardent aussi les restes du repas. Le beurre, que l'on fond d'abord dans les pays chauds, ils le transportent avec eux dans des vaisseaux de cuir. Ils vont prendre de l'eau dans des peaux de chèvre, et la boivent dans des tasses de cuivre étamées en dedans et en dehors. Dans le désert, on ne connaît pas les moulins à eau ou à vent ; le grain se moud par petite quantité dans des moulins à bras. Il n'y a pas non plus de four ; mais après que les Arabes ont formé un grand gâteau plat de pâte, ils l'écrasent sur une plaque ronde de fer, et à défaut de ces plaques, ils forment de grands pelotons de pâte sur des cailloux chauffés, les mettent dans la braise, jusqu'à ce que la pâte soit assez cuite. La principale nourriture des Orientaux en général, c'est du pain frais ; aussi ont-ils soin de ne pas manquer de farine quand ils font des courses dans le désert.

Les Orientaux n'ont point de gazettes ; leurs discours ne sont pas aussi souvent à la politique

que chez les Européens, et le temps, plus constant chez eux que chez nous, ne fait pas non plus un aussi grand sujet dans leurs conversations que dans les nôtres. Les Arabes errants parlent de leurs intérêts journaliers. On a dit qu'il était en usage parmi eux de demander d'abord : « Comment se portent vos chameaux? » Cette question n'est pas obligée, mais elle doit se présenter fréquemment entre des gens du même métier; un étranger aurait mauvaise grâce à commencer sur ce ton l'entretien avec un Arabe.

Quelques scheiks arabes comptent un grand nombre d'hommes soumis à leur obéissance; mais le mot de scheik est un titre prodigué et qui n'assure pas toujours l'importance de celui qui le porte. Il est permis aux Arabes d'avoir jusqu'à quatre femmes à la fois; la plupart néanmoins n'en prennent qu'une et la gardent durant toute sa vie, pour peu qu'elle se conforme à la volonté de son mari. Si, par exception, un scheik prend deux femmes, il a grand soin de diviser leurs attributions de manière à ce qu'elles ne soient pas exposées à des querelles dans l'usage de leur autorité : l'une, en l'absence du maître, surveille les valets qui gardent le bétail; l'autre, sous une tente différente, a l'inspection des jardins plantés de fruits et de dattiers.

Dans les pays presque toujours arides de l'Égypte et de l'Yémen, l'industrie des Arabes consiste à approvisionner les villes d'eau et de fruits. On a un grand intérêt à entretenir la paix avec ces peuplades; car les voyages aux sources et aux puits épars dans les campagnes ne sont pas sans danger, lorsqu'il règne quelque hostilité entre les Arabes et les habitants des villes. C'est pendant les courses que nécessitent leur commerce ou leur guerres que toute autorité est laissée aux femmes arabes sous les tentes de leurs maris ou parmi leurs serviteurs. Ces femmes ne sont pas, comme les autres musulmanes, tenues renfermées, ou ne sortant que le visage voilé; elles jouissent d'une grande liberté et n'en abusent pas. Si quelque voyageur passe dans le désert et établit sa tente près des leurs, elles se réunissent plusieurs pour le visiter. Elles n'entrent pas sous le même abri; mais, assises à la porte, elles causent volontiers avec l'étranger, et s'informe minutieusement des usages des pays d'où il vient et du sort des femmes dans ces lieux inconnus.

Toutes les femmes de l'Orient portent sur le corps nu de grands pantalons; une chemise à larges manches recouvre ce premier vêtement. La coiffure varie infiniment dans les diverses contrées que l'on parcourt. Un grand voile d'étoffe épaisse est le plus souvent en usage. Les Arabes des plaines de Sinaï portent de grands anneaux aux oreilles, autour du cou, des bras et des jambes, comme au temps de Moïse.

## VOYAGE DE SUEZ A DJIDDA.

Quoiqu'on n'entende pas parler de pirates sur le golfe Arabique, on ne laisse pas d'y voyager en convoi . Niebuhr, dont nous suivons ici la relation, partit de Suez, avec plusieurs compagnons de ses travaux, pour se rendre dans l'Yémen. Quatre vaisseaux faisaient voile à la fois, afin d'être en état de faire tête aux Arabes qui avaient pillé un navire aux environs de Tor.

Comme beaucoup de pèlerins musulmans traversent de Suez à Djidda pour aller à La Mecque, le trajet est réputé saint, et les mahométans regardent avec indignation les chrétiens qui entreprennent ce voyage. L'usage veut que le tillac d'un vaisseau soit considéré comme un appartement, les musulmans y marchent sans pantoufles. En forçant les Européens à se conformer à cette habitude, on leur donna à entendre que c'était à titre de chrétiens qu'on exigeait d'eux cette déférence. Les voyageurs se soumirent de bonne grâce, parce que les regards hostiles dont ils étaient l'objet leur causaient quelque frayeur. Niebuhr avait heureusement loué la grande chambre, et il s'y tenait avec ses amis, sans que personne eût le droit de s'y présenter.

Le vaisseau était extrêmement chargé. Un riche noir allait à Médine avec de nombreuses femmes esclaves et des enfants. Chaque marchand, environné de ses caisses, occupait une place louée sur le tillac, et s'était réservé un espace libre entre ses ballots pour faire son ménage en plein air. Le pilau, le café, se préparaient dans cette enceinte, où le maître fumait sa pipe et dormait aussi après le repas. Il ne restait plus un coin de libre sur le pont, et une quantité de marchandises et de paquets légers étaient suspendus en dehors autour du vaisseau. Rien de plus maladroit ni de moins exercé aux manœuvres que les mariniers employés dans cette traversée annuelle. Donne-t-on l'ordre de ferler les voiles, ils baissent l'antenne, causent mille désagréments aux passagers, et s'attirent des reproches de la part des marchands, dont ils écrasent les paquets en marchant dessus. Deux pilotes sont chargés de veiller aux écueils et aux brisants dont le golfe Arabique est semé. Que ce fût science ou bonheur, cette fois ils conduisirent à bon port tout le pêle-mêle des voyageurs. Quatre chaloupes, attachées derrière le navire, contenaient aussi des passagers de la classe inférieure, des femmes allant à La Mecque prendre le titre de hadji ( pèlerine ) et bon nombre de chevaux et de moutons. De Suez à Djidda on mouille en différents endroits sur la côte pour ne pas voyager la nuit.

Une éclipse de soleil devait avoir lieu pendant la traversée. Un des Européens l'annonça d'avance

et se chargea de distribuer des verres noircis au
capitaine et aux marchands, sur le pont, pendant
que Niebuhr, enfermé dans sa chambre, faisait ses
observations astronomiques sur ce phénomène.
En général, il n'est pas prudent de livrer aux regards des Orientaux ignorants les moyens par lesquels on étudie la marche des astres, et tout instrument dont la science seule peut expliquer
l'usage. Ils soupçonnent bien vite quelque sorcellerie dont ils pourraient être victimes, s'ils voient
un homme absorbé dans quelque expérience de
physique, de chimie ou d'astronomie. Chacun se
montra satisfait du procédé du verre noirci, et
l'éclipse fut heureusement observée sur le pont,
sans qu'on songeât à ce que pouvait faire Niebuhr
dans sa chambre. M. Forskal, qui prenait la responsabilité de l'invention du verre noirci et de la
prévision de l'éclipse, fut proclamé médecin par
les passagers, car l'astrologie et la médecine sont
entièrement liés dans l'esprit des Orientaux. Tous
les passagers se firent subitement malades pour
obtenir une consultation. M. Forskal enjoignit au
grand nombre plus ou moins de silence et un meilleur
régime; à la fin il se présenta un pèlerin qui se
plaignit gravement de ce que, pendant la nuit, il
n'y voyait goutte. M. Forskal lui conseilla, sans
se déconcerter, d'allumer une chandelle, et cet
avis termina par des éclats de rire la scène comi-
que. Tous ceux qui, un peu auparavant, se disaient
malades en parurent guéris. Tous les mahomé-

tans qui vont pour la première fois à La Mecque sont obligés de vêtir le costume appelé Ihhram, pourvu que leur santé le leur permette. En venant de Suez, c'est quand on a atteint le cap Wordon que ce changement s'opère. *Ihhram* signifie textuellement un linge attaché autour de la ceinture, comme cela se met dans les bains; c'est là tout l'habillement dont il est permis à un pèlerin de faire usage, jusqu'à ce qu'il ait visité la Kaba (maison sainte) de La Mecque. Il peut cependant porter une seconde pièce de toile par-dessus l'épaule. Plusieurs pèlerins prennent le motif ou le prétexte de leur santé pour ne pas céder à l'obligation de mettre ce costume; si quelques-uns s'en dispensèrent, d'autres le vêtirent par zèle, et quantité de gens apparurent sur le pont, après le passage du cap, différemment habillés qu'on ne les avait vus jusque là.

Mahomet a prescrit à ses sectateurs de visiter pour la première fois la Kaba à tête découverte et presque tout nus; mais alors le prophète ne savait pas que sa loi s'étendrait sur des peuples des pays froids, car c'était seulement une preuve d'humilité qu'il demandait aux croyants. Quantité d'Arabes du Hedjar, de l'Yémen et de l'Oman, portent l'ihhram, qui est le costume traditionnel de la classe inférieure de ces pays. En le donnant à tous les pèlerins, Mahomet voulait sans doute leur faire faire acte d'humilité en entrant sur le territoire de La Mecque. L'ihhram, fort incommode pour

les Turcs, peut encore être préjudiciable à leur
santé, étant dans l'habitude de porter constamment des habits et même des pelisses en été. Un
Arabe brûlé du soleil est beau avec l'ihhram ; ce
vêtement défigure extrêmement un Turc, qui est
nu-tête et rasé, qui porte une longue barbe, et dont
la peau est toute blanche. Malgré l'uniformité de
la coupe et de la couleur blanche de l'ihhram, on
distingue facilement le pèlerin pauvre du pèlerin
opulent. En Arabie la plupart des Turcs se dra-
pent dans du cachemire blanc à fleurs, en prenant
pour la forme l'humble costume des pâtres de
l'Yémen. Par une juste précaution les voyageurs
européens qui s'étaient réunis à Niebuhr cachèrent
une partie de l'or dont ils s'étaient munis dans des
cruches à drogues : l'étalage de leurs richesses
pouvait nuire à la sécurité de leurs courses dans
le désert ; les cruches furent respectées et la qualité
de médecins que les voyageurs acceptèrent suffit
pour ne pas les faire soupçonner d'être chargés
de numéraire. Les mahométans n'aiment pas à
payer les médecins, mais ceux-ci sont toujours
bienvenus parmi eux.

On est accoutumé à ne voir à Djidda d'autres
Européens que ceux qui, pour le commerce, y viennent des grandes Indes ; ils y sont accueillis par
des motifs d'intérêt ; on est fait à leur costume, à
leurs habitudes ; mais il leur est expressément défendu d'approcher de la porte qui s'ouvre sur le
chemin de La Mecque.

Les voyageurs étaient munis de lettres adres-
sées au pacha et au kichja, qui les reçurent favo-
rablement, surtout à titre d'astrologues. L'un et
l'autre multipliaient les questions pour s'instruire
de la religion, des mœurs et des coutumes des Européens. Si les réponses des savants faisaient tomber les préventions des Arabes de distinction rassemblés à ces entretiens, la rectification était mo-
mentanée, et on ne cessait pas de parler des nations
d'outre-mer comme de peuplades incivilisées et
fort inférieures en tout aux Orientaux. Cependant
on prenait un grand plaisir à voir les instruments
d'astronomie, le cadran de Niebuhr, et à suivre ses
intelligentes démonstrations mathématiques.

Le kichja favorisa lui-même à la douane le dé-
barquement de tous les effets des voyageurs. Deux
cents ducats laissés à découvert dans les coffres
répondirent du paiement de toutes les dépenses
qu'ocasionnerait le séjour à Djidda; les cruches à
drogues passèrent sans examen, et les douaniers
reçurent une honnête récompense pour les ménagements apportés à l'examen des bagages.

Cette inquiétude dissipée, Niebuhr et ses compagnons louèrent dans la ville une maison spacieuse
qui donnait sur la mer. On sut bientôt à La Mecque
que plusieurs Européens savants et versés dans les
sciences mystérieuses s'étaient établis à Djidda. Un
des frères du schérif régnant sur la ville sainte
s'était fait un parti nombreux parmi les Arabes et
menaçait de détrôner son frère. Le schérif s'en-

pressa d'envoyer demander à Niebuhr si le gouvernement devait rester entre ses mains, ou s'il se
verrait forcé de le céder à son frère. Niebuhr voulut s'excuser de donner une réponse, en disant que
les Européens ne cultivaient l'astronomie que
pour perfectionner la navigation. M. de Haven,
mieux inspiré, assura que la victoire se déciderait
en faveur de celui dont les traits du visage étaient
plus ressemblants à ceux de *Hassan-ibn-Ali*, le
père de tous les schérifs. Comme le frère aîné resta
maître de La Mecque, il lui devint loisible de se
flatter de ressembler à *Hassan-ibn-Ali* pour inter-
préter la prédiction en faveur de M. de Haven. Un
autre jour, un seigneur de Djidda arriva chez le
voyageur et lui apprit qu'il venait d'être volé d'une
somme de 200 ducats dont il voulait qu'on lui ré-
vélât le voleur ; Niebuhr répondit encore qu'il
abandonnait la divination aux savants mahométans, et bientôt après un scheik célèbre fit voir
son habileté en ce genre. Il plaça tous les domestiques du seigneur sur une seule rangée, fit
une longue prière et mit ensuite à chacun un petit
papier dans la bouche et leur ordonna à tous de
l'avaler, après les avoir assurés que cela ne ferait
aucun mal aux innocents, mais que la punition du
Ciel frapperait le coupable. Après quoi il examina
la bouche des serviteurs, et l'un d'eux, qui n'avait
point avalé le papier, confessa d'abord avoir volé
l'argent. Tous les voleurs mahométans ne sont pas
cependant si faciles à intimider, et nos voyageurs

en ont vu quelques-uns résister à toutes les fasci-
nations de la sorcellerie.

» Il est dit dans l'histoire des souverains d'Égypte
que le sultan El-Guri fit fortifier la ville de Djidda
parce que l'on redoutait les forces du Portugal,
qui s'augmentaient au point que cette puissance
envoyait des vaisseaux jusque dans le golfe Arabique. Cette ville est encore aujourd'hui environnée d'une muraille du côté de la terre ferme; mais
cette muraille est tellement ruinée, qu'en plus
d'un endroit on passe par-dessus pour entrer dans
la ville et pour en sortir. Le port n'est pas mieux
défendu; quelques canons placés devant la maison
du pacha servent à rendre le salut aux navires qui
entrent à Djidda. La demeure irrégulière à laquelle
on donne le nom de palais du pacha témoigne assez
de la mobilité des emplois qui dépendent du sultan.
Nul pacha ne garde longtemps son gouvernement,
et aucun ne tient à bâtir pour son successeur. La
vue des terres environnantes et celle de la ville de
Djidda offrent un aspect des plus arides. A peine
si quelques maigres dattiers, de chétifs et rares
acacias se montrent entre les maisons. Du côté de
la mer il y a quelques jolis bâtiments, tous de
pierres de corail, qui non-seulement sont faciles à
employer, mais se blanchissent dans l'air, et de
loin offrent un coup d'œil agréable. On ne boit pas
d'autre eau que celle que les Arabes recueillent
dans de grands réservoirs entre les montagnes et
qu'ils transportent successivement en ville sur des
chameaux.

« Djidda, en Arabie, est une ville marchande à 35 lieues de La Mecque, entrepôt de commerce, où des flottes, parties de Calcutta, de Surate et de Bombay se rendent une fois par an au mois de mai. Des caravanes d'Égypte et de Syrie font aussi une fois par an le voyage de La Mecque à Djidda et y apportent quantité de marchandises de prix ; les amandes de Taïf, le baume de La Mecque, le musc et la civette sont les productions qui passent pour indigènes, bien qu'elles ne viennent pas du territoire de Djidda. L'Égypte fournit cette ville et La Mecque, ainsi que Médine, de froment, de riz, de lentille, de sucre, de sirop, de miel et d'huile : aussi les habitans de La Mecque disent-ils que les pays qui les environnent peuvent périr sans grand dommage pour eux tant que l'Égypte subsistera. Djidda tire du Caire le *safranon* ( faux safran ), fleur dont on se sert pour teindre en rouge des étoffes d'Égypte, du fil d'or et d'argent, du sel ammoniac, de la poudre, du tabac de Syrie. On y porte en marchandises d'Europe du drap de France, de la cochenille, du papier, de l'étain, du plomb, du fer, de la tôle, du mercure, des aiguilles, des sabres, des couteaux, et quantité de verrerie colorée, commes perles et bracelets qui servent de parure aux femmes arabes du commun. Il passe aussi annuellement, de Djidda dans l'Yémen, un grand nombre de ducats de Venise et d'écus d'Allemagne en espèces. Djidda fournit au Caire le café et les feuilles de séné ; mais les Indes lui envoient beaucoup de toiles fines, d'étoffes précieuses, de pierreries, de perles, toutes sortes de parfums, des épiceries et autres marchandises de prix. Les Anglais obtiennent, pour l'introduction de leurs marchandises, des privilèges qui rendent la concurrence commerciale presque impossible aux autres nations. »

Dans les environs de la ville on fait voir un lieu qui passe pour être la sépulture de Hova (Ève). C'est une construction grossière en pierres de deux à trois pieds de haut, sur autant de large. Ce tombeau a beaucoup de rapport avec celui qu'on montre en Syrie, dans la vallée de Bekaa, et qu'on prétend être le tombeau de Noé.

Un grand nombre de pèlerins se fixent chaque année à Djidda, au retour de La Mecque; la population de la ville est nombreuse, et les marchés bien approvisionnés. On y trouve du beurre fait avec du lait de chamelle ou du lait de brebis. Les habitants ont l'habitude de boire chaque matin une tasse de beurre fondu, et les gens du peuple en aspirent par les narines pour se préserver du mauvais air; ils se frottent le corps avec cette graisse, appelée ghi. Les dattes sont la nourriture journalière des Arabes; ils louent ce fruit, et sa saveur est souvent employée comme comparaison dans leurs poésies. Quand la saison des dattes va passer, on en conserve en les faisant cuire en pâte, et cela se vend sous le nom d'adjoué. C'est de Taraba que l'on tire l'adjoué le plus estimé. Les sucreries, dragées et confitures plaisent infiniment aux Orientaux, et les Indiens sont en réputation à Djidda pour faire les plus excellentes.

Des faiseurs de crêpes au beurre, de fèves préparées au ghi, des marchands de viandes rôties, de soupe, de têtes et de pieds de mouton bouillis, servent tour-à-tour les matelots grecs et turcs, ainsi que les Arabes qui viennent à leurs boutiques. Le pain, de qualité inférieure et mal fait, se vend aussi au marché. Le lait, aigre et doux, est rare et cher, à cause des mauvais pâturages des campagnes environnantes. On le vend au poids; un *rotolo* représente une livre.

On trouve encore dans les boutiques des viandes sèches, du fromage, des pommes, des figues, des raisins et des abricots secs. Le bœuf séché s'appelle basturma; de peur de manger du pourceau sous ce déguisement, les Arabes n'achètent jamais de basturma. C'est de l'Archipel que viennent les fruits secs, dont on fait une grande consommation dans l'Yémen et dans l'Arabie. Les épiceries et les parfums ont également un débit assuré. On brûle du bois de sandal et de l'encens dans les appartements; l'eau des ablutions est préparée avec des boutons de roses conservés.

Il est facile de juger que la vie intérieure des habitants de Djidda ne manque pas d'opulence, quand on examine les objets exposés en vente dans les magasins. Des porcelaines du Japon et des pipes de toutes les variétés possibles ornent avec profusion les appartements des riches. Les femmes opulentes se parent des belles étoffes de l'Inde, de chaînes d'or et de pierreries, et celles des classes au-dessous portent des bracelets de grains de corne noire, de grains d'agate nommés rcits, de cosser, sorte de corail, et de verroteries.

L'homme le plus occupé de Djidda est un musulman graveur sur pierre et sur métaux. Son unique soin, cependant, est de mettre sur des cachets el Hadji, le pèlerin. Chaque pèlerin qui revient de La Mecque veut emporter ce signe du titre que son voyage lui a conquis.

Un horloger profite également du passage des pèlerins à Djidda. Souvent les mahométants entreprennent d'aller à La Mecque sans consulter la proportion de la longueur du chemin et de leurs moyens pécuniaires; la plupart de ces malheureux arrivent à Djidda épuisés de finances et de forces. La première chose dont se défait un pèlerin à court d'argent, c'est sa montre; ensuite le sabre et les pistolets; enfin un bel exemplaire du Coran, et toutes ces choses abondent aux ventes à l'encan à La Mecque, plus encore qu'à Djidda.

Dans tout l'Orient les barbiers jouent un grand rôle; leurs boutiques sont fréquentées par les oisifs. C'est là que se débitent les nouvelles de tout genre, et bien que les barbiers soient également chirurgiens, leur fortune ne tient pas autant au degré d'instruction qu'ils peuvent avoir qu'à leur babil plus ou moins exercé, et à l'habileté qu'ils mettent à recueillir les moindres événements de la ville et du port, et à les commenter.

Nous allons quitter l'itinéraire de Niebuhr et aller vers La Mecque, sur les traces d'Aly-bey el Abassi, auquel nous avons déjà fait quelques emprunts.

« ..... Le 14 du mois doulkaada, de l'an 1221 de l'Hégire (23 janvier 1807), j'arrivai à minuit, par la faveur de la miséricorde suprême, aux premières maisons de la ville sainte de La Mecque, quinze mois après ma sortie de Maroc.

« Il y avait à l'entrée de la ville plusieurs Mogredins ou Arabes d'Occident qui m'attendaient avec de petites cruches d'eau du puits de Zemzem, qu'ils me présentèrent pour boire, en me priant de n'en prendre de personne autre, offrant d'en approvisionner ma maison; ils me dirent secrètement de ne jamais boire de celle que le chef du puits me présenterait.

« Plusieurs particuliers de La Mecque, qui m'attendaient, disputèrent entre eux à qui me logerait, parce que les logements sont une des principales spéculations des habitants sur les pèlerins; mais mes arrangements avaient été pris d'avance, et je me fis conduire dans une maison qui m'avait été préparée à côté du temple, et près de celle du sultan schérif.

« Les pèlerins doivent entrer à pied à La Mecque; je descendis de mon chameau, et à peine entré dans mon logement, nous fîmes une ablution générale avant de nous rendre en procession vers le temple, moi et tout mon monde. On récitait des prières à haute voix pendant le trajet.

12*

« Il est d'un bon augure d'entrer par le Beb-es-Sélem, ou *porte du Salut*. Après avoir ôté mes sandales, je passai par cette bienheureuse porte, qui est placée près de l'angle septentrional du temple. Nous étions au moment d'entrer dans la grande cour où est située la maison de Dieu, lorsque notre guide arrêta nos pas, et, le doigt tourné vers la Kaaba, me dit avec emphase : *Schouf, schouf, el béit Allah el haram* (regardez, regardez, la maison de Dieu la défendue). La suite qui m'entourait, le portique de colonnes à perte de vue, l'immense cour du temple, la maison de Dieu couverte de sa toile noire depuis le haut jusqu'en bas, et entourée d'un cercle de lampes, l'heure indue et le silence de la nuit, et notre guide qui parlait devant nous comme un inspiré, tout cela formait un tableau imposant, qui jamais ne s'effacera de ma mémoire.

Nous entrâmes dans la cour par une chaussée diagonale d'un pied de hauteur, aboutissant de l'angle du nord à la Kaaba, qui est presque au centre du temple. Avant d'y arriver on nous fit passer sous un arc isolé, formant une espèce d'arc-de-triomphe, et appelé Beb-es-Sélem, comme la porte par laquelle nous étions entrés.

« Parvenus devant la maison de Dieu, nous fîmes une petite prière, nous baisâmes la pierre noire apportée par l'ange Gabriel (1) et nommée *pierre céleste*, et nous continuâmes, toujours en récitant

_______________

(1) C'est un musulman qui parle.

des prières en commun, à faire le premier tour de la maison de Dieu.

« La Kaaba est une tour carrée placée presque au milieu du temple, couverte d'une immense toile noire qui ne laisse à découvert que le socle ou base saillante de l'édifice.

« Il faut faire sept tournées autour de la Kaaba, et étendre la main à un angle désigné, mais en ayant grand soin que la partie inférieure des vêtements ne touche pas le socle de la tour. A l'autre angle on se passe la main sur le visage et sur la barbe en disant : *Au nom de Dieu, Dieu très-grand, louange soit donnée à Dieu!* Au troisième angle le pèlerin s'écrie : *O grand Dieu! soyez avec moi; donnez-moi le bien dans ce monde, et donnez-moi le bien dans l'autre.* Puis en revenant au dernier angle marqué par la pierre dite d'Ismaël, on élève les mains en disant : *Au nom de Dieu! Dieu très-grand!* et on ajoute, les mains baissées : *Louange soit donnée à Dieu!* Après quoi on baise la pierre, ce qui termine le premier tour.

« Les sept autres tours exigés sont semblables au premier, mais les prières diffèrent légèrement, et la marche doit être précipitée vers la fin. Cette cérémonie accomplie, on récite une prière debout, en face du mur de la Kaaba; on passe ensuite dans une espèce de berceau appelé Lieu d'Abraham, pour y prier encore. De là on va au puits de Zemzem, d'où l'on tire des seaux d'eau, et l'on en boit tant qu'on en peut avaler. Sorti du temple par la porte de Saffa, on monte la colline du même nom par la rue étroite qui y conduit. Quand le pèlerin est monté par des gradins sur le lieu sacré appelé Saffa, il tourne le visage vers le temple et récite la formule prescrite. De Saffa on va vers Moura, toujours en priant, et le voyage d'une colline à l'autre se répète également sept fois. Ayant fini mon septième voyage à Méroua, je vis des barbiers établis en ce lieu pour raser la tête aux pèlerins, ce qu'ils font avec la plus grande légèreté, en récitant à haute voix des prières que le pèlerin répète mot pour mot. Cette opération termine la première cérémonie du pèlerinage de La Mecque.

« On sait que presque tous les musulmans se laissent croître une touffe de cheveux au milieu de la tête. Abdoul-Wehhàb a déclaré que cet usage était un péché; et comme les Wehhabis dominent le pays, tout le monde se rase entièrement la tête. Je fus donc obligé de laisser tomber ma longue touffe sous la main de l'inexorable barbier. Le jour approchait lorsque ces cérémonies furent terminées; je rentrai chez moi pour prendre un peu de repos.

« A midi, je revins au temple recommencer les sept tours et boire largement de l'eau de Zemzem.

« Trois fois par an seulement on ouvre la porte de la Kaaba. La première fois, les hommes y pénètrent; la seconde, qui vient le lendemain, est le jour réservé aux femmes, et cinq jours après on ouvre encore la porte pour laver et purifier la maison de Dieu. En sortant du lieu saint on baise la clé d'argent qui ferme la porte de là Kaaba. Après cette cérémonie on recommence les sept tours extérieurs, et on boit de l'eau du puits de Zemzem.

« Le chef des schérifs vint me prendre pour me conduire au palais du sultan; il y monta; je restai à la porte, où l'on ne tarda pas à me venir chercher. Nous montâmes l'escalier au milieu duquel est une porte qui barre le passage. Mon conducteur frappa à cette porte : deux domestiques armés l'ouvrirent; nous continuâmes à monter. Après avoir traversé un corridor obscur où il nous fallut laisser nos babouches, on me fit entrer dans un beau salon; j'y trouvai le sultan schérif assis auprès d'une croisée; six personnes se tenaient debout auprès de lui.

« Le sultan me parla avec bonté, il était vêtu d'un caftan, son turban et sa ceinture étaient des cachemires, il fumait sa pipe persanne ou narguilée, qui était placée dans une autre chambre, et dont le tuyau de cuir, au moyen d'un trou pratiqué au mur, venait aboutir à sa bouche. Les sectaires d'Abdoul-Wehhàb ne fument qu'avec beaucoup de circonspection, parce que le réformateur a proscrit l'usage du tabac. Auprès du sultan se tenait habituellement le chef du puits de Zemzem, que l'on peut appeler l'empoisonneur en titre. Cet homme dangereux m'était déjà connu : depuis la première fois que j'étais allé au puits, il me faisait assidument la cour; il m'avait donné un magni-

fique dîner; tous les jours il m'envoyait deux petites cruches de l'eau du puits miraculeux, et toutes
les fois que j'arrivais au temple il me présentait
une tasse du même breuvage, et je buvais en sa
présence jusqu'à la dernière goutte.

« Comme ce serait une impiété de ne pas accepter l'eau présentée par le chef du puits, le sultan
dispose par ce moyen de la vie de tous les personnages importants qui se rendent à La Mecque. Plusieurs pèlerins ont succombé à ce détestable piége.
Depuis un temps immémorial les sultans schérifs
de la ville sainte ont un empoisonneur à leur
cour, ils ne s'en cachent pas. Le fait en est si bien
connu en Egypte et à Constantinople, que le divan a souvent envoyé à La Mecque des pachas et
d'autres personnes dont il se débarrassait de cette
manière.

Le 29 janvier, on purifia la Kaaba avec les cérémonies suivantes :

« Deux heures après le lever du soleil, le sultan
schérif vint au temple, accompagné d'une trentaine
de personnes et de douze gardes, partie nègres et
partie Arabes. La porte de la Kaaba était déjà ouverte et entourée d'une foule immense; mais l'escalier n'était point placé. Le sultan schérif, monté
sur les épaules des uns et sur la tête des autres,
entra dans la Kaaba avec les principaux scheiks
des tribus; les pèlerins voulaient en faire autant :
mais les gardes nègres en défendaient l'entrée à
coups de bâton et de roseau. Je me tenais loin de

la porte pour éviter la foule, lorsque, par ordre du schérif, le chef du Zemzem me fit, avec la main, signe d'avancer; mais comment percer à travers plus de mille personnes qui étaient devant moi ?

« Tous les porteurs d'eau de la Mecque s'avançaient avec leurs outres pleines, qu'ils faisaient passer de main en main jusqu'aux gardes nègres de la porte, ainsi qu'un grand nombre de petits balais de feuilles de palmier.

« Les nègres commencèrent à jeter de l'eau sur le sol de la salle, qui est pavée en marbre; on y jetait aussi de l'eau de rose.

« Cette eau, s'écoulant par un trou placé sous le seuil de la porte, était recueillie avidement par les fidèles; mais comme elle ne suffisait pas à leur empressement, et que les plus éloignés en demandaient à grands cris pour en boire et pour se baigner, les gardes nègres, avec des tasses et avec les mains, en jetaient avec profusion sur le peuple. Ils eurent l'attention de m'en faire passer une petite cruche et une tasse, avec laquelle je bus autant qu'il me fut possible, et je répandis le reste sur moi; car cette eau, quoique très-sale, porte avec elle la bénédiction de Dieu, et d'ailleurs elle est bien aromatisée par l'eau de rose.

« Je fis alors un effort pour m'approcher ; plusieurs personnes m'enlevèrent au-dessus du groupe, et marchant sur les têtes, j'arrivai enfin à la porte, où les gardes nègres m'aidèrent à entrer.

« J'étais préparé à cette opération, n'ayant sur moi que la chemise, une *caschaba* ou chemise de laine blanche sans manches, et le turban et le hhaïk qui m'enveloppait.

« Le sultan schérif balayait lui-même la salle, et aussitôt que je fus entré, les gardes m'ôtèrent mon hhaïk et me présentèrent un faisceau de petits balais ; j'en pris quelques-uns dans chaque main : à l'instant ils jetèrent beaucoup d'eau sur le pavé, et je me mis en devoir de balayer des deux mains avec une foi ardente, quoique le sol fût déjà propre et poli comme une glace. Pendant cette opération, le schérif, qui avait fini de balayer et de parfumer la salle, était en prières. On me remit ensuite une tasse d'argent remplie d'une pâte faite avec de la sciure de sandal, bois très-aromatique, et pétrie avec de l'essence de rose ; j'étendis cette pâte sur la partie inférieure du mur, incrustée en marbre, au-dessous de la tapisserie qui couvre la partie supérieure et le plafond. On me donna ensuite un morceau de bois d'aloès, que je fis brûler dans un grand réchaud, afin de parfumer la salle.

« Alors le sultan schérif me proclama *hhaddem-beil-allah-el-haram*, c'est-à-dire serviteur de la maison de Dieu la défendue ; et je reçus les compliments de tous les assistants.

» Je récitai de suite mes prières aux trois coins de la salle, comme la première fois : ce qui termina entièrement mes obligations. Pendant que je vaquais à cet acte de piété, le sultan schérif s'était retiré.

» Un grand nombre de femmes, qui se tenaient dans la cour et qui étaient réunies à quelque distance de la porte de la Kaaba, poussaient de temps en temps des cris aigus de jubilation. On me donna un peu de pâte de sandal avec deux des petits balais, que je gardai précieusement comme des reliques intéressantes. Les gardes me descendirent sur le peuple, qui, à son tour, me prit et me mit à terre, en m'adressant des compliments de félicitation. Je me rendis de là au Makam-Ibrahim pour y faire une prière; on me revêtit de mon hhaïk, et je rentrai chez moi complétement mouillé.

» D'autres employés du temple m'apportèrent successivement de l'eau du lavage; l'enfant du schérif, qui avait la clé de la Kaaba, m'en envoya aussi une cruche, avec un cornet rempli de la sciure de sandal, pétrie avec de l'eau de rose, un autre cornet contenant d'autres aromates, une bougie et deux petits balais. Il me fallut répondre à tant de faveurs de la meilleure manière qu'il me fut possible.

» Le mardi, 3 février, 25 du mois doulkaada, la grande toile noire qui couvre l'extérieur de la Kaaba fut coupée un peu au-dessus de la porte, et tout autour de l'édifice : en sorte qu'il resta à découvert dans la partie inférieure, ce qui compléta la cérémonie qu'on nomme Yaharmo-el-Beit-Allah, ou Purification de la maison de Dieu.

» Pendant cette opération, tous les employés

du temple cherchent à obtenir quelque morceau
de la toile ; ils le divisent en petites parcelles pour
en faire une espèce de relique, dont ils font présent aux pèlerins, qui doivent répondre à cette
faveur par quelque gratification.

» Le même jour, un corps d'armée de Vehhabis
entra dans La Mecque, pour remplir le devoir du
pèlerinage et prendre possession de cette ville
sainte ; c'est par hasard que je les vis entrer.

» J'étais à neuf heures du matin dans la rue
principale, lorsque je vis venir une multitude
d'hommes. Qu'on se figure une foule d'individus
étroitement serrés les uns contre les autres,
n'ayant de vêtement qu'un petit pagne autour des
reins, et quelques-uns une serviette passée sur
l'épaule gauche et sous l'épaule droite ; du reste,
entièrement nus, et armés de fusils à mèches, avec
un khanjiar, ou grand couteau recourbé, à la ceinture.

» A la vue de ce torrent d'hommes nus et armés, tout le monde s'enfuit pour laisser libre la
rue qu'ils remplissaient entièrement. Je m'obstinai
à garder mon poste, et je montai sur un monceau de décombres, afin de les mieux observer.
J'en vis défiler une colonne, qui me parut com-
posée de cinq à six mille hommes, tellement serrés sur toute la largeur de la rue, qu'il ne leur
aurait pas été possible de remuer la main. La colonne, précédée de trois ou quatre cavaliers armés d'une lance de deux pieds de long, était ter-

minée par quinze ou vingt autres montés sur des
chevaux, des chameaux et des dromadaires, avec
une lance à la main, comme les premiers; mais il
n'avaient ni drapeaux, ni tambours, ni aucun autre instrument ou trophée militaire. Pendant leur
marche, les uns poussaient des cris d'allégresse,
les autres récitaient confusément des prières à
haute voix, chacun à sa manière.  Ils montèrent
dans cet ordre jusqu'à la partie supérieure de la
ville, où ils commencèrent à défiler par pelotons
pour entrer dans le temple par la porte Beb-Es-
Sléem. Un grand nombre d'enfants de la ville,
qui servent ordinairement de guides aux étrangers, vinrent à leur rencontre, et se présentèrent
successivement aux différents groupes pour leur
servir de guides dans les cérémonies sacrées. Je
remarquai que, parmi ces guides bénévoles, il n'y
avait pas un seul homme fait. Déjà les premiers
pelotons, pour commencer leur tour de la Kaaba,
s'empressaient de baiser la pierre noire, lorsque
d'autres, impatients sans doute d'attendre, s'avancent en tumulte, se heurtent avec les premiers,
et bientôt la confusion, parvenue à son comble,
ne permet plus d'entendre la voix de leurs jeunes
guides. A la confusion succède le tumulte; tous
veulent baiser la pierre noire; ils se précipitent.
Plusieurs d'entre eux se font jour le bâton à la
main; en vain un de leurs chefs monte sur le socle, près de la pierre sacrée, pour ramener l'ordre; ses cris et ses signes sont inutiles, parce que

le *saint zèle de la maison de Dieu, qui les dévore,* ne leur permet pas d'entendre la raison, ni la voix de leur chef. Le mouvement en cercle s'augmente par l'impulsion mutuelle. On les voit à la fin, semblables à un essaim d'abeilles qui voltigent confusément autour de leurs ruches, circuler sans ordre autour de la Kaaba; et, dans leur empressement tumultueux, briser, avec les fusils qu'ils avaient sur l'épaule, toutes les lampes de verre qui entouraient la maison de Dieu.

« Après les différentes cérémonies autour du temple, chacun devait aussi boire de l'eau du puits miraculeux et s'en arroser; mais comme ils s'y portaient en foule avec trop de précipitation, en peu d'instants, les cordes, les sceaux et les poulies sont mis en pièces; les chefs et les employés du Zemzem abandonnent leur poste. Les Wehhabis, restés seuls maîtres du puits, forment la chaîne, descendent au fond et tirent de l'eau comme ils peuvent. Le puits demande des aumônes; la maison de Dieu, des offrandes. Les guides réclament leur salaire; mais la plupart des Wehhabis n'avaient apporté avec eux aucune pièce de monnaie : ils s'acquittent de cette obligation de conscience en donnant vingt ou trente grains d'une poudre extrêmement grosse, de petits morceaux de plomb ou quelques grains de café.

» A la fin des cérémonies, comme ils avaient les cheveux longs d'un pouce, ils se mirent en devoir de les faire raser; cette opération se fit dans les rues, et les barbiers furent payés de la même espèce de monnaie que les jeunes guides et les desservants du temple.

« Les Wehhabis de Dreaïya, lieu principal de la réforme, ont la couleur cuivrée. Ils sont en général bien faits et parfaitement bien proportionnés, mais d'une petite taille; j'ai principalement distingué parmi eux quelques têtes assez belles pour pouvoir être comparées à celles d'Apollon, de l'Antinoüs, du Gladiateur. Ils ont les yeux très-vifs, le nez et la bouche régulièrement dessinés, de belles dents et une physionomie très-expressive.

» Qu'on se représente une foule d'hommes nus et armés, n'ayant presque aucune idée de civilisation et parlant une langue barbare; ce premier tableau épouvante l'imagination et paraît affreux. Mais si l'on surmonte cette première impression, on trouve en eux des qualités recommandables: ils ne volent jamais, ni par force, ni par ruse, excepté quand ils croient que l'objet appartient à un ennemi ou à un infidèle; tout ce qu'ils achètent et tout service qui leur est rendu est payé avec leur monnaie. Soumis aveuglément à leur chef, ils endurent en silence toutes sortes de fatigues et se laisseraient conduire au bout du monde.

» Enfin on s'aperçoit que ce sont les hommes les plus disposés à la civilisation, si l'on savait leur donner une direction convenable. »

## LA PERSE.

Aucun royaume n'offre dans son étendue une plus grande diversité de climats que la Perse. Les provinces méridionales de Kerman, de Laristan, de Fars et de Khouzistan, ont une température chaude, souvent très-augmentée par l'aridité des plaines désertes et stériles. Un vent chargé de sable fin règne avec violence, pendant l'été, dans le midi de la Perse. Ce vent n'a pas les inconvénients du *simoun* dont le souffle est si fatal aux caravanes des grands déserts. L'hiver et le printemps sont délicieux dans ces contrées. Schiraz, dans le Farsistan, passe pour avoir le plus beau ciel et le plus doux climat de la Perse; Ispahan, par ses ombrages, ses magnifiques jardins, la richesse de son printemps, la fertilité de ses campagnes peut cependant entrer en rivalité avec Schiraz. Dans le nord, la Perse a des régions froides et chaudes; le Ghilan et le Mazenderan ont pour limites des plaines qui s'étendent d'un côté sur les bords de la mer Caspienne, et, vers l'extérieur, jusqu'au pied de montagnes inaccessibles. La soie et le riz sont les principales productions de ces deux provinces. A lui seul, le Khorassan possède toutes les variétés de la température : d'un côté, il a pour limite le désert, d'où il lui arrive des ouragans de sable ; quelquefois il règne pendant plusieurs jours un vent pestilentiel, et les hommes assez imprudents pour braver son influence, en sortant au dehors, tombent subitement frappés de mort. En général, cependant, le Khorassan passe pour salubre. Les rivières sont rares en Perse, les cours d'eau et les sources ne se rencontrent qu'à de grandes distances; mais depuis les temps les plus réculés, on construit en Perse des aqueducs qui se composent d'une suite de puits, distants de quelques toises les uns des autres, et de la profondeur que demandent le sol et le niveau de l'eau. Ces aqueducs communiquent les uns aux autres par un canal assez large pour qu'un homme puisse y passer et le nettoyer. Les puits commencent à une source, et leurs eaux se grossissent de toutes les sources qu'on trouve sur le tracé du canal. Dans toute la Perse, on arrose les cultures par irrigation. Le sol est plus souvent aride que fertile, et ce n'est guère que dans leurs délicieux jardins, les plus splendides de la terre, il est vrai, que les Persans jouissent de tout le luxe des productions asiatiques. Leurs végétaux, leurs fruits, dont ils ont une grande variété, sont excellents; les classes inférieures se nourrissent à peu près exclusivement de fruits et de légumes. A Schiraz, une livre du plus beau raisin coûte un sou; les melons sont encore à meilleur marché; les pêches, les abricots et les figues surpassent aussi en qualité ce que nous connaissons de meilleur en Europe en ce genre.

Hors des villes ou des maisons de campagne, on voit de riches vallées abandonnées et sans culture; les ruines s'y mêlent de toutes parts à la plus vigoureuse végétation. Les pasteurs errants avec leurs troupeaux peuplent parfois ces solitudes, mais ils ne font pas de longues stations en un même lieu. C'est un bonheur de surprendre un de ces changements subits du désert, de le voir tout-à-coup envahi par une population animée et pleine de vie. Entre les tentes des tribus, on voit le costume bariolé des montagnards; le son des voix humaines retentit de toute part; les chameaux, les chevaux, les moutons, que la tribu conduit à sa suite se répandent par milliers dans les pâturages qui naguère répandaient leurs dons en vain. Un préjugé de la loi mahométane repousse le chien de la société de l'homme. L'utilité de ce gardien a vaincu le préjugé, et les pasteurs leur confient la surveillance des troupeaux.

La vie des pasteurs ne s'écoule pas dans l'oisiveté : on les voit sous la tente occupés de travaux industriels; ils ne vendent presque jamais les poils des chameaux et la laine des moutons bruts, ils en tissent des tapis et des étoffes qui ont un fort grand débit en Perse.

Plusieurs espèces d'animaux sauvages peuplent les campagnes. On y trouve des lions, des loups, le sanglier, le chacal, le renard et le lièvre, le zèbre, l'argoli (bélier), la chèvre des montagnes.

la gazelle, l'antilope. Tous les oiseaux des diverses latitudes abondent dans les endroits fertiles et arrosés. Les chefs de tribus, les grands seigneurs persans, et presque tous les rois, chassent avec beaucoup d'ardeur; c'est un exercice très en faveur dans les mœurs durs du pays.

La population est fort clair-semée sur le vaste territoire de la Perse; l'éducation des enfants pauvres est livrée au hasard; et sans le peu de valeur des vivres et l'abondante charité des riches, on ne sait pas comment les basses classes pourraient se nourrir. Depuis quelques années, le nombre des mahométans s'accroît toujours; les juifs, les chrétiens, Arméniens pour la plupart, et les Guèbres, s'affaiblissent au contraire beaucoup.

De tout temps la Perse a été célèbre pour la splendeur et la magnificence de ses villes. Ispahan a cédé à Téhéran l'honneur d'être la résidence royale; mais Ispahan est resté le point le plus peuplé de la Perse. Lorsqu'on voit de loin cette ville, ses palais élevés, ses dômes, ses mosquées, entremêlés de massifs d'arbres, que l'on suit les longues avenues qui conduisent à Ispahan, le voyageur s'attend à plus d'éclat qu'il n'y en rencontrera en effet. Les ruines anciennes mêlées aux constructions modernes attestent au contraire une splendeur bien déchue; mais telle qu'est la ville, elle peut encore exciter un vif intérêt. Deux beaux ponts sont entretenus sur le Zainderoud. Les colléges ont été conservés, et tout Persan peut facilement y avoir accès. Ces établissements produisent un essaim d'étudiants qui passent inutilement leur vie entre l'indolence et la pauvreté. Ispahan abonde en ce genre de mendiants littéraires : c'est surtout de ses colléges et de ceux de Schiraz que sort ce torrent de poètes errans qui inonde l'empire. Ils se pressent autour des grands officiers, des gens riches, de tous les étrangers, et attendent un salaire de leurs plates louanges.

A l'époque de ma première mission, raconte l'ambassadeur anglais sir John Malcolm, un poète était venu de vingt lieues pour m'honorer d'une ode de félicitation, soigneusement écrite sur du papier bien orné. On dit à ce poète que l'ambassadeur n'avait pas le moindre goût pour ces sortes d'ouvrages. — Eh bien, dit le poète, je lui conterai une histoire qui lui fera comprendre que je le tiens quitte de l'érudition et de la culture qui lui manquent.

Un poète se présenta un jour à Schiraz dans le palais d'un gouverneur afghan, aussi barbare qu'aucun homme de sa nation; il portait un poème composé en l'honneur du chef; on voulut l'éconduire en lui faisant observer que le gouverneur comprenait à peine un mot de Persan. — Bien, répondit le poète, mais je fais des vers pour les grands, et il faut que je vive. Il se présenta donc avec intrépidité, son ode à la main, devant le seigneur afghan. — Quel est cet homme? dit le gouverneur; qu'est-ce que ce papier qu'il tient?

— Je suis poète, répondit l'homme, et ce papier contient quelques vers.

. — A quoi sert la poésie? demanda le chef.

— A rendre les grands hommes immortels, répliqua le poète, en s'inclinant profondément.

— Faites-moi entendre votre œuvre. Le poète ne se fit pas répéter cet ordre; mais à peine avait-il achevé la première stance que le gouverneur impatienté dit à son trésorier. — Je vois ce qu'il faut à cet homme; comptez-lui quelque argent, et qu'il s'en aille.

Au sortir de l'audience, on voulut rire du poète. — Vraiment, dit celui-ci, le gouverneur entend mieux notre langue qu'aucun de vous; il a interprété mes intentions dès les premiers mots et sait à merveille ce que veut dire un poème.

L'ambassadeur ne se montra pas moins intelligent que le barbare, et il se dispensa comme lui de la traduction littérale de l'ode faite en son honneur.

On n'imprime pas encore en Perse : c'est un art inconnu; aussi y estime-t-on le talent de l'écriture à l'égal de celui de l'invention. Les scribes habiles sont employés à copier des livres, et un petit nombre de lignes écrites par un illustre *plumiste* se vendent à un prix exorbitant : quatre lignes du derviche Musjyd, mort depuis quelques années, ont été payées 168 fr. Musjyd écrivait avec une rare perfection. Les pages des scribes sont ornées d'arabesques, de traits, de fleurs, de fruits et d'oiseaux faits à la plume, en encre de diverses couleurs et en encre d'or.

Cependant Aboulhhacan, le dernier ambassadeur persan en Angleterre, a acheté une imprimerie avec une ample fonte de caractères qui peuvent servir à reproduire les textes arabes et les textes persans. Cette imprimerie a été établie à Tauris par les ordres du prince Abbas-Myrza, qui était destiné à succéder à son père.

Des palais sont encore debout et intacts à Ispahan; le gouverneur actuel en a même construit de très-beaux pour engager le souverain à venir reprendre l'ancienne résidence des maîtres de la Perse. Il n'y a point d'édifices dont l'aspect soit plus frappant que celui des palais orientaux; la grande salle qui en occupe le milieu est en général très-ouverte et soutenue par des piliers qui sont sculptés et dorés avec le plus grand soin. De grandes fenêtres aux vitres artistement coloriées y laissent pénétrer un jour très-adouci. L'intérieur de la salle est orné de tapis, de coussins, de draperies et de vases garnis de fleurs. Une fontaine jaillissante se voit habituellement dans un grand espace découvert au devant de l'appartement : c'est là que se tiennent les esclaves qui épient le moindre signe de leur maître pour le servir en même temps qu'il exprime un désir. Les constructions sont en général d'un style gracieux et léger, mais elles n'ont ni régularité ni magnificence. Une suite de petits palais bâtis dans les avenues du Charbagh

( quatre jardins ) offre un coup d'œil très-pit-
toresque et rend ce quartier le plus agréable de la
ville. Les principaux marchés d'Ispahan sont
couverts. Il s'y trouve de chaque côté un espace
élevé pour l'exposition des marchandises : le milieu de la voûte est occupé par les passants qui
traversent à pied ou à cheval le lieu de la vente.
Les caravansérails ( auberges ), les bains publics,
sont très-beaux. Comme dans tout l'Orient, le luxe
des maisons n'est point sensible sur la façade extérieure. De grands murs sans fenêtres n'ayant
qu'une porte sur la rue masquent les palais. La
cour est plantée d'arbres, ornée de fleurs et rafraî-
chie par des jets d'eau. D'un côté s'ouvrent les
appartements des hommes, et sur cette même
cour, mais tout-à-fait à l'écart, est le bâtiment des
femmes, qui a sa façade sur un espace orné dans
le même goût que la cour du premier bâtiment.
Pour remédier à l'entassement des constructions,
d'ailleurs très-élevées, on établit des ventilateurs
sur le haut des maisons; sans cette précaution, le
séjour de la ville deviendrait insupportable pendant les chaleurs brûlantes de l'été.

Téhéran n'a pas d'autre monument remarquable
que le palais du roi. Le sultan Kurrym-Kham,
mort en 1779, a fait entourer Schiraz d'un mur de
dix pieds d'épaisseur, au bas duquel on a creusé,
par les ordres de Kurrym, un fossé profond de
soixante pieds sur vingt pieds de large. Des tours
rondes, construites sur les murs, à la distance de

quatre-vingts pieds les unes des autres, complètent
la défense de la ville. Au coucher du soleil, on
ferme les portes de Schiraz, et personne ne peut ni
y entrer ni en sortir avant le lendemain. Une citadelle, également construite par Kurrym-Khan,
sert de prison d'état. Vis-à-vis de cette construction, dans une belle et large place, se tient la musique du khan Djafar, le maître actuel de Schiraz.
Des trompettes, des timbales et d'autres instruments annoncent bruyamment chaque jour l'heure
de l'ouverture et de la fermeture des portes. Cette
musique fait partie du cortége du khan toutes les
fois qu'il voyage. Le divan, palais d'audience, est
un beau bâtiment qui s'ouvre sur une avenue de
sycomores; l'intérieur de la salle est garni de marbre blanc de Tauris, le plafond et la corniche sont
ornés d'émail doré qui imite le lapis-lazuli. Cette
salle, de forme oblongue, est très-vaste et magnifique : on y voit le portrait de Kurrym-Khan et celui de son fils, Aboul-Feta-Khan, qui sont, dit-on,
fort ressemblants. Cependant les Persans ne sont pas
très-avancés dans l'art de la peinture; leurs couleurs sont belles, mais ils n'entendent pas les règles
de la perspective. Schiraz renferme plusieurs beaux
bazars et caravansérails. Celui qui porte le nom
de bazar du Waly est incontestablement le plus
beau; c'est une longue rue d'environ un quart de
mille, bâtie entièrement en briques et couverte.
De chaque côté, sont des boutiques très-bien appro-
visionnées, et le khan loue lui-même ces bouti-

ques aux marchands pour une faible rétribution
par mois. A l'extrémité du bazar, on voit le caravansérail où l'on met les marchandises en dépôt,
et où les marchands et les étrangers trouvent des
appartements commodes qu'ils prennent également au mois. Un autre caravansérail de forme
carrée est aussi dans le bazar ; la façade de ce bâtiment est ornée d'émaux bleus et blancs pour
imiter la porcelaine de Chine. C'est là qu'habitent
exclusivement les Arméniens et les chrétiens. Les
Juifs occupent un quartier particulier ; ils sont haïs
et méprisés des Persans, qui les maltraitent en
toute occasion, sans que les pauvres Juifs osent se
plaindre. La plus magnifique des mosquées de
Schiraz a aussi été bâtie par Kurrym. Ce prince
était devenu le maître de la Perse après la mort de
Nadir-Schah. Comme Kurrym était de la tribu de
Zend, qui habite le Farsistan, il préféra Schiraz aux
autres villes de la Perse pour y établir sa résidence,
afin de s'entourer de ceux qui lui étaient dévoués.

Des maisons désignées sous le nom de Zour-
Khaneh servent aux Persans à venir s'exercer à la
gymnastique. Ces maisons n'ont qu'une chambre
creusée de deux pieds au-dessous du sol. La toiture, en forme de dôme, ne laisse arriver l'air et la
lumière que par des ouvertures étroites. Aux deux
bouts de la galerie souterraine se placent d'un côté
des musiciens, de l'autre des spectateurs assis. Les
athlètes se rassemblent le vendredi matin, à la pointe
du jour. Ils passent seulement des culottes de laine,

et, le reste du corps à découvert, ils arrivent dans l'arène armés de massues de bois qu'ils portent sur leurs épaules. La musique joue des airs dont la mesure est pressée, et les joûteurs dansent jusqu'à ce qu'une transpiration abondante couvre leur corps. On jette les massues, et joignant les mains en cercle, les lutteurs se préparent par un trépignement animé au combat qui va suivre.

Avant que personne porte les premiers coups, le maître de la maison rappelle aux candidats qu'ils sont tous amis, et ne doivent conserver dans leur cœur aucune rancune après la lutte. Une noble émulation doit seule les animer; ils vont éprouver leurs forces, s'exercer à combattre, et non vider une querelle. L'assemblée applaudit; le combat s'engage, et l'orateur, qui se mêle à la partie, est presque toujours le triomphateur, parce qu'il est plus exercé qu'aucun dans ces exercices.

Quant aux bains, il n'est pas permis à un *frangui* (étranger) d'en approcher. Si l'on vient à savoir qu'un étranger a été admis dans une maison de bains, l'établissement est regardé comme souillé, et le propriétaire perd ses pratiques. Le tombeau de Hhafiz, l'un des poëtes persans les plus renommés, est dans les environs de Schiraz. Une salle et les appartements qui en dépendent, ont été construits près de ce tombeau par les ordres de Kurrym. Les délicieux jardins qui entourent le divan ont fait de ce lieu un endroit de plaisance; des cyprès d'une rare beauté, de l'eau, embellissent la sépulture du poète. Aussi ce tombeau est-il devenu le rendez-vous de tous les habitants de Schiraz pendant l'été. On fume, on joue aux échecs; les poèmes de Hhafiz sont lus par ses admirateurs passionnés; un superbe exemplaire des œuvres du poète est soigneusement conservé dans la salle élevée en son honneur. Dans ses vers, Hhafiz parle d'un fleuve que le temps a presque tari et qui n'est plus qu'un ruisseau murmurant, dont le cours s'étend non loin de la pierre funéraire du poète. A la place des jardins magnifiques qu'il décrit, on ne voit plus ainsi qu'un lieu inculte. Cependant l'emplacement de Mosséla a conservé sa célébrité, grâce à la tradition qui veut qu'Abraham ait offert en ce lieu son fils au Seigneur. Mahomet a raconté ce fait en substituant Ismaël à Isaac, pour flatter les Arabes, qui se regardent comme les descendants du fils d'Agar.

Hamadan, si fameuse autrefois sous le nom d'Ecbatane, n'a plus d'importance que par les tombeaux d'Esther et de Mardochée, authentiquement conservés, là, sous le petit dôme qui les recouvre. Des inscriptions hébraïques se lisent sur leurs monuments funèbres.

Les villages sont mal bâtis; les toits des cabanes sont en dôme, au lieu d'être en terrasse, parce que le bois manque pour les construire.

Dans toute la Perse, il y a à peine quelques grandes routes; à la vérité, elles n'y sont pas fort nécessaires, puisque l'usage des voitures à roues

n'est pas encore introduit dans ces contrées. On
a pratiqué des sentiers difficiles et inégaux sur
les montagnes qui bornent et entrecoupent le
royaume. Quand on cherche à faire sentir aux
Persans les avantages qu'ils pourraient retirer de
quelques bonnes routes, ils témoignent une grande
répugnance pour ce genre d'amélioration, qui fa-
ciliterait, disent-ils, les invasions en aplanissant
les obstacles naturels qui les protégent contre leurs
voisins. On attribue même aux Turcs une route
qui traverse la montagne de Kauselan-Koh, qui
sépare l'Irak de l'Aderbijan ; ils auraient accompli
ce travail pendant qu'ils étaient les maîtres de cette
dernière province, afin de faciliter les invasions
ultérieures qu'ils se proposaient de faire dans la
Perse.

Par un aveuglement commun aux gouvernements absolus, l'industrie est soumise à une surveillance qui s'étend sur tous les ouvriers et les
empêche de chercher à perfectionner leurs divers
métiers. Toute invention nouvelle, tout travail un
peu remarquable, peut être enlevé à son propriétaire, au bénéfice du prince ou de ses officiers de
justice. D'ailleurs, l'invention est toujours soup-
çonnée d'hérésie, et il est dangereux de s'écarter
de la routine traditionnelle. Les riches bâtissent
souvent des monuments d'utilité publique, tels que
des bains, des bazars ou des mosquées ; mais personne ne prend souci des progrès des arts et des
sciences. L'agriculture ne s'est point améliorée

depuis des siècles; cependant, ainsi que nous l'avons dit, les végétaux et les fruits sont d'une qualité excellente en Perse.

Plusieurs produits des manufactures de Perse sont remarquables, particulièrement les brocards d'or, les soieries, les châles imités de ceux de Cachemyre que l'on fait avec la laine du Kerouan. On y fabrique aussi des toiles de coton moins parfaites que celles de l'Inde. Les Persans ne sont pas inférieurs aux autres nations de l'Orient; mais ils ne les surpassent en rien. Ils travaillent bien l'acier; leurs épées, quoique fragiles, sont d'une excellente trempe et d'un bon usage. Ils font des armes-à-feu et fondent des canons; mais les encouragements manquent toujours à l'industrie étrangère, comme à l'intelligence des ouvriers nationaux.

Pour graver et dorer, il est difficile de les égaler en habileté; ils émaillent aussi sur or et sur argent avec beaucoup d'art : leurs ornements faits de ces métaux et de pierres précieuses offrent souvent un travail admirable. Quant à la chimie, son objet principal est toujours la recherche de la pierre philosophale. Les alchimistes persans poursuivent continuellement l'espoir de cette fabuleuse découverte. Après les croisades, on a vu en Europe des hommes graves et instruits consacrer leurs veilles et sacrifier l'héritage de leurs familles à des expériences ayant le même but. Cette pierre philosophale, dont la vertu serait de faire de l'or, est aussi difficile à trouver qu'une baguette de fée si fréquemment souhaitée par les enfants lorsqu'ils luttent contre quelques obstacles ou forment des vœux hors de leur portée. D'adroits fripons spéculent sur la crédulité des adeptes qui poursuivent la recherche de cette miraculeuse pierre, et dernièrement un marchand a payé de toute sa fortune une recette pour faire de l'or. Le vendeur avait eu le soin de mêler des parcelles de ce métal à une terre grossière; il gagna un des domestiques du marchand, qui, lorsque son maître lui commanda d'aller chercher, pour l'expérience, la première terre venue, rapporta un panier préparé d'avance. Cette terre, passée deux fois au creuset, déposa les parcelles d'or que l'alchimiste y avait mises. Le marchand, ivre de joie, compta une somme considérable au filou; mais lorsque le panier fut épuisé, sa fortune se trouva réduite à la valeur de quelques pièces de monnaie. En vain renouvela-t-il les expériences, la recette était impuissante à faire sortir de la terre autre chose que les viles matières qu'elle contient. Le malheureux avait lâché la proie pour l'ombre, en donnant ses biens acquis en échange d'un espoir chimérique.

La médecine est plus souvent basée sur des pratiques superstitieuses qu'appuyée sur la science. Des recettes mystérieuses, transmises de génération en génération dans les tribus, sont en grande faveur. En vain les gens éclairés ont-ils voulu répandre l'usage de la vaccine: cet usage n'a point été adopté par le peuple, que la petite vérole décime dans les climats chauds. Mais rien n'est plus arbitraire en Perse que la science judiciaire : le bon plaisir de chaque cadi (juge) décide des petites querelles, comme les gouverneurs tranchent à leur gré les questions plus graves. Il est impossible à l'homme qui se rend coupable d'un délit, de prévoir d'avance la peine qu'il encourt ; cela tient tout-à-fait à la tournure d'esprit du juge, et à la disposition où le trouvera la plainte.

Dans les fêtes publiques, les basses classes s'amusent des mêmes spectacles que les plus élevées ; des illuminations, des feux d'artifice, des lutteurs, des joueurs de gobelets, des bouffons, des marionnettes, des musiciens ambulants et de petits danseurs appellent la foule dans les rues. Mais monter à cheval, faire des visites, se promener dans les jardins, s'asseoir en groupes dans la maison ou bien à l'ombre d'un arbre pour écouter des contes ou des vers, sont pour les gens aisés la manière d'employer les heures d'oisiveté. Aucun peuple ne fait plus usage que les Persans, de formes louangeuses, élégantes et polies dans la conversation. L'hyperbole leur est familière ; ils la prodiguent pour les moindres objets, et l'étranger les croirait toujours prêts à sacrifier leurs biens et leur vie pour lui être agréable. Non-seulement les gens de haute qualité emploient le langage de l'adulation, mais le plus simple artisan ne se fait pas faute de vous offrir sa ville entière pour présent de votre

bienvenue. On raconte qu'un Persan, s'étant pro-
mis par raillerie d'avoir l'air de prendre au sérieux tous les dons qui lui seraient faits, eut bientôt mis à bout la bonne volonté de ses amis. Comme
il dit que son intention était seulement de faire
ressortir l'emphase ridicule du dialogue persan, on
le pria de ne point continuer une guerre qui ban-
nirait du langage ses formes les plus exquises et lui
ôterait toute sa noblesse.

Les citations poétiques sont tout-à-fait dans le
goût oriental, et les Persans en font un grand
usage dans leurs discours. Des passages de Saadi,
d'Hhafiz, de Djamy et de Ferdoucy sont rappelés
à tout propos; les gens du peuple en savent par
cœur une foule de morceaux et s'en servent fami-
lièrement. Ils ont d'heureux à-propos, et jouent
quelquefois sur le sens des mots avec beaucoup de
finesse et d'ironie. Ce qui est remarquable, c'est
l'extrême attention donnée dans la conversation à
la personne qui parle; jamais on ne l'interrompt
pour quelque raison que ce soit. Cependant les
Persans sont sujets aux accès de colère; ils se
montrent fort sensibles aux affronts et en exigent
réparation sur l'heure. Ils ont de la bravoure, de
l'intrépidité; leurs guerres fréquentes entretiennent ces dispositions hostiles et altèrent l'urbanité qui leur serait naturelle. Les rixes sont fréquentes dans les rues, et sans prendre souci de séparer les combattans, les gens du peuple s'attrou-
pent et forment des paris pour l'un ou pour l'au-

...re des lutteurs, l'arrivée du lieutenant de police
(*darougah*) peut seul mettre fin au tumulte ex-
-cité.

En général, les Persans sont beaux et bien faits,
et tous ceux qui ne s'exposent pas trop à l'air extérieur ont le teint aussi blanc que les Européens.
Les alliances contractées avec les Géorgiennes
ont beaucoup contribué à embellir la race persane. A Schiraz surtout les femmes ont la réputation d'être très-belles. On ne les voit pas dans les
rues, car elles portent des voiles épais qui les couvrent de la tête aux pieds; mais elles se visitent
entre elles, et découvrent leur visage dans l'intérieur des appartements, quelquefois même en
présence d'un étranger. Comme dans tous les états
musulmans, les femmes ne sont guère, en Perse,
que les esclaves de leurs maris; toute familiarité
est bannie de leurs rapports; le mari, toujours
soupçonneux et soumis à l'étiquette, se regarde
comme offensé si un ami lui demande des nouvelles de sa femme. On ne se permet pas de l'appeler
par son nom; il faut employer cette tournure de
phrase : « Que la mère d'un tel ou d'une telle soit
» heureuse; je lui souhaite une bonne santé. » Qui
que ce soit, excepté les plus proches parents des
femmes, ne doit pas les voir sans voiles, et c'est
toujours une infraction aux convenances qui permet aux Européens de contempler une Persane.
Elles ont généralement de beaux yeux noirs, dont
elles relèvent encore l'éclat en se peignant les cils

et les sourcils avec une poudre d'antimoine appelée surmâ.

Quand un mariage est arrangé, les fiancés ne se voient qu'après la signature du contrat, et le futur n'a d'autre moyen de faire la cour à la fille qu'il doit épouser qu'en passant la journée devant la porte de son père, pour y répéter des vers en l'honneur de la femme qu'il ne connaît pas. Il loue néanmoins sa beauté, la douceur de ses regards, le charme de sa voix ; il n'est guère question dans ces éloges de l'esprit et des qualités du cœur de la future. La soumission exigée de la part des Orientales tient lieu de toutes les vertus, ou plutôt fait qu'on n'en tient pas compte.

Les Persans ne portent pas de linge sous leurs vêtements ; et dans les classes inférieures, quand on a mis une fois un habillement, on ne le quitte guère que lorsqu'il est usé ; on couche même avec, car les Orientaux ne font pas usage de lits semblables aux nôtres ; ils ne mettent pas de draps sur leurs matelas, et leurs coussins sont recouverts d'étoffes ou de tapis. Sans les ablutions prescrites par la religion, et l'usage des bains chauds, qu'on trouve dans toutes les villes de la Perse, rien ne pourrait conserver la santé avec de telles habitudes. Le costume des hommes a subi des changements depuis le siècle dernier : le turban ne se porte plus que par les Arabes de la Perse ; les Persans se coiffent avec un long bonnet couvert de laine d'agneau, qu'on entoure d'un châle de

Cachemyre ou d'un tissu du pays. Le luxe des vêtements est très en usage dans les hautes classes; le vêtement de dessus, qui recouvre les larges pantalons des Persans, est d'étoffe de soie, de drap ou de toile peinte, brodé d'un galon d'or ou d'argent. Dans l'hiver, le brocart d'or brodé de fourrure est d'un usage habituel. La couleur verte, bannie par les Turcs musulmans, est en grande faveur en Perse; on la porte en chaussure aussi bien que sur les vêtements. En général, les Persans sont beaucoup plus tolérants que les Turcs; ils mangent avec un chrétien, fument avec la même pipe, boivent dans le même vase, et ne se croient pas souillés par le contact des objets dont un frangui a fait usage.

Dans leurs pratiques religieuses, les ablutions précèdent les prières; ils ne doivent laver leur visage et leur barbe qu'avec la main droite. Le tapis sur lequel ils font leurs prières est toujours placé de manière à ce que l'extrémité soit tournée du côté de La Mecque; en cela, ils se contentent d'un à peu près, et ne sont pas très-scrupuleux sur la manière de s'orienter. Les Persans se lèvent de bonne heure; à la pointe du jour ils font une première prière. Après le soleil levé, ils déjeunent légèrement avec du fromage de chèvre et des fruits, prennent une tasse de café noir et fument. A midi, ils prient pour la seconde fois et mangent encore après; on leur apporte du lait caillé et des fruits. Le repas le plus solide a lieu après quatre heures;

il faut prier encore avant ce repas qu'on appelle le souper. On sert alors un pilau, avec une sauce relevée d'épices, et un rôti. Un domestique présente avant et après le repas une aiguière et de l'eau. C'est une coutume invariable chez les Persans, de manger sans couteaux, cuillères ni fourchettes. L'habitude de se servir de leurs doigts leur donne une étonnante dextérité pour disposer les bouchées et les porter toutes brûlantes de leur assiette à leur bouche. On apporte des sorbets de diverses espèces, et le repas se termine par un dessert de fruits délicieux. Après le souper, la famille forme un cercle; on s'amuse à raconter des histoires habituellement très-gaies, et l'esprit est sans cesse occupé à en créer de nouvelles pour chaque veillée. Des passages de poèmes suppléent à l'invention, quand l'invention fait faute. On joue aussi à de petits jeux. Une heure après le souper, on récite la cinquième prière, qu'on nomme la dernière, ou la prière de la nuit.

Il n'y a pas de prince dans l'univers qui possède des pierreries d'une aussi grande valeur que celles qui appartiennent au roi de Perse. Les objets les plus précieux de ce trésor ont été pris par Nadir-Schah à l'empereur de Dehly lorsqu'il s'est emparé du palais de ce prince. Il n'est pas d'usage que personne, excepté le roi, porte des diamants; mais rien ne peut excéder la profusion avec laquelle ce genre d'ornement est employé. Les Persans tirent une grande vanité de la magnificence royale : ils assurent que la vue du soleil est moins funeste pour les yeux que les rayonnements de la parure du monarque, lorsqu'il est assis sur son trône dans tout l'éclat de ses vêtements d'apparat.

C'est presque toujours par la guerre et la violence qu'un schah de Perse arrive au trône. L'autorité de ce souverain est absolue sur la personne et les biens de ses sujets. La parole du roi vaut une loi; son respect pour la religion, les ménagements dus aux usages établis, le soin de sa réputation, sont les seules garanties qu'ait le peuple contre l'abus du pouvoir royal. Il n'y a en Perse ni assemblée de nobles, ni représentants du peuple, ni conseil ecclésiastique d'ulémas.

C'est une maxime reçue que le roi peut faire tout ce qu'il veut sans encourir aucune responsabilité de ses actes. Les révoltes, les assassinats, sont les représailles habituelles des courtisans et des chefs contre les monarques qui ont excité leur vengeance.

Les mollahs, ou prêtres, ont quelque influence dans l'administration législative; ils décident, indépendamment des cérémonies religieuses, les cas relatifs aux successions, aux mariages, divorces, contrats, ventes; ces causes se portent devant la cour du Serrah ou de la loi divine. Les cours de l'*Urf* ou loi coutumière se sont réservé les cas de meurtre, vol, fraude, et tous les crimes qui emportent la peine capitale ou qui peuvent être regardés comme infraction à la paix publique.

Avant le règne de Nadir-Schah, l'ordre des prêtres en Perse était riche et puissant; le premier pontife, ou sudder-ul-suddour, était regardé comme le vicaire de l'iman, et exerçait une autorité fort étendue. Les prêtres étaient tous subordonnés à ce chef spirituel, qui résidait à la cour et nommait, avec l'approbation du souverain, les principaux juges du royaume. Aujourd'hui, pour toute marque de déférence, les cours de justice consultent encore le shaik-ul-islam, ou président de la cour du Serrah, pour savoir s'ils sont fidèles à l'interprétation du Coran dans leurs décisions de justice.

Les Moushlahed et l'ordre des principaux prêtres forment un corps de religieux lettrés fort estimés en Perse. Ils sont élus par la voix publique et prennent une influence très-grande dans les affaires journalières du pays où ils résident.

L'opinion attend d'eux une conduite exemplaire : on ne permet à un Mouslahed aucun penchant mondain; mais, en échange de leurs vertus, ils sont l'objet du plus profond respect; les souverains leur rendent visite, et les placent sur le siége d'honneur quand ils veulent bien paraître à la cour. Un Mouslahed est admis auprès du sultan pour lui parler en faveur d'un condamné, quand même tout autre personne a été repoussée. Et pour ne pas encourir le blâme ouvert d'un Mouslahed, et par là une déconsidération publique, le souverain renonce souvent à accomplir une vengeance ou à lever un impôt forcé sur la ville sanctifiée par la présence d'un Mouslahed.

Les impôts ordinaires se perçoivent avec justice; mais, malheureusement pour le pays, les monarques ne se sont jamais contentés des revenus que leur forme la rétribution levée sur les terres, les boutiques, les maisons, droits de douane, etc.; et des taxes irrégulières, toujours inattendues, excepté à la fête du Nou-Roze, viennent frapper la nation sous le nom de présents ordinaires et extraordinaires. Une somme d'argent, les meilleurs produits manufacturiers, des troupeaux, tout se convertit en présents pour l'entretien d'une armée levée à l'improviste, pour subvenir à l'achèvement d'un palais, d'une mosquée ; enfin quelque prétexte que donne le souverain, il faut que le peup'e paie ou qu'il se révolte.

Le genre ainsi que la gradation des peines affectées aux différentes fautes sont les mêmes en Perse que dans tous les pays mahométans. Pour des fautes légères, les amendes, le fouet ou la bastonnade; on n'emploie guère la torture que pour obtenir des aveux. L'usage barbare d'arracher les yeux a longtemps déshonoré la Perse : c'est un supplice réservé à ceux qui sont supposés par ambition ou par droit de naissance avoir aspiré au trône. C'est une sorte de grâce de la vie, en mettant l'ennemi vaincu hors d'état de se relever de sa disgrâce. On a vu tous les hommes d'une ville révoltée subir cet odieux traitement. Les manières

les plus ordinaires de faire mourir les criminels,
en Perse, sont de les étrangler, de les décapiter ou
de les poignarder; mais, dans les cas de crimes
énormes, ou lorsqu'on a l'intention de laisser une
impression de terreur ou de satisfaire un désir de
vengeance, une cruauté ingénieuse a trouvé des
moyens d'ajouter mille douleurs à la mort des victimes. On voit rarement des femmes exécutées en
public : tout ce qui les concerne se passe dans le
silence, à moins que, pour rendre la punition d'un
grand seigneur plus douloureuse, ses femmes et
ses filles ne participent à son supplice ou bien ne
soient vendues comme esclaves à des gens de
basse condition.

Un usage inexorable, appelé *deyout* ou prix du
sang, est sanctionné par le Coran. Celui qui com-
met un meurtre est condamné à payer une somme
de quarante mille francs ou à être livré à la famille
du mort pour périr dans le supplice qu'il lui plaira
de lui faire subir; encore cette alternative n'est
pas laissée au choix du coupable : c'est la partie
adverse qui décide si elle préférera l'argent à la
vie du meurtrier. Pour éteindre ces querelles par
des moyens moins violents, Timour-Leng (Tamer-
lan ) a déclaré, dans ses instituts, qu'un mariage
contracté entre un fils, un neveu du défunt, et une
fille de l'offensé, pouvait tenir lieu de prix du sang;
et même, si l'alliance est impossible faute de descendants, on marie sur des tombeaux les mânes
des jeunes gens morts, appartenant également aux

deux familles. Ce moyen n'est employé que lorsque les sentiments de conciliation prévalent; mais
le point d'honneur se trouvant satisfait par ces
mariages, beaucoup de procès se terminent ainsi.

Il y a peu d'esclaves en Perse; leur condition y
est très-douce : on ne les distingue des autres individus par aucune habitude ou usage particulier,
si ce n'est peut-être qu'en général leurs maîtres
prennent en eux plus de confiance et leur accor-
dent plus de faveur. Le nom même d'esclave, dans
ce pays, implique d'une part la confiance, de l'autre l'attachement. Ils sont généralement Géorgiens
ou Africains, et comme on les achète jeunes, ils
sont pour la plupart élevés dans la religion mahométane. Le maître regarde leur conversion comme
une œuvre très-méritoire pour lui. Les femmes
sont dans le harem; les garçons parvenus à l'àge
d'hommes, se marient avec des femmes libres ou
des esclaves, et leurs enfants, élevés dans la maison, y prennent rang immédiatement après les parents. La personne en qui l'on met la plus haute
confiance est ordinairement un esclave né de ces
mariages : il est bien rare que ces hommes ne se
montrent pas dignes de la considération dont ils
jouissent.

La cour de Perse actuelle a introduit dans son
cérémonial des usages qui se ressentent de l'origine turque des princes kujurs. Les rejetons mâles
de la famille royale ne restent plus entre les mains
des femmes du harem que pendant leur première

enfance. Tous les soins donnés à leur éducation pendant cette époque portent sur les formalités religieuses et sur les lois de l'étiquette du palais. Aussi on voit dès l'âge de cinq ans les princes aussi graves, dans les mosquées ou en présence du souverain, que leurs gouverneurs. A la lecture du Coran, premier livre dans lequel on leur apprend à lire, on joint les œuvres du poëte Saadi ; et quand un prince réunit à cela quelques notions de grammaire, qu'il sait expliquer un peu de syntaxe, de logique, la loi sainte et la philosophie, ses études sont terminées, à moins que, par une rare exception, il n'ait pris goût à l'étude et ne veuille s'y livrer par amour pour les sciences. Cette tendance ajoute alors beaucoup à la considération accordée au prince, car le savoir suffirait pour relever la dernière des conditions en Perse.

Le roi doit se lever de bonne heure. Ses esclaves approchent seuls de son appartement intérieur, dont tout le service est fait par des femmes. Un premier lever a lieu dans l'intérieur du harem ; deux heures après, un cérémonial, auquel on donne le même nom, se répète dans les appartements intérieurs. Les princes du sang y assistent : une audience s'ouvre ensuite pour les ministres et les officiers publics appelés à rendre compte des diverses parties de l'administration qui leur sont confiées. Ces soins terminés, sa majesté demande son déjeûner.

La préparation de tous les mets de la table du

roi est surveillée par le premier officier de la maison. Tout est servi dans des plats de belle porcelaine. Un précepte de la loi mahométane défend d'avoir ces plats en or ou en argent; les couvercles seuls peuvent être de ce métal. On enferme tout le déjeûner dans une boîte scellée, cachetée et recouverte d'un beau châle. Le cachet est brisé devant le roi par l'intendant, qui reconnaît d'abord si le sceau n'a point été altéré ou changé. C'est une grande faveur pour les jeunes princes d'être admis à ce repas. Le premier médecin en est le témoin obligé, afin d'administrer des remèdes à propos, si, par hasard, le roi se trouvait malade. Le motif non avoué de cette précaution est la crainte incessante d'un empoisonnement.

Pendant la journée, le roi rentre dans son harem, au milieu de sa famille. Il reparaît dans le palais après le coucher du soleil et s'occupe encore d'affaires publiques; puis il monte à cheval. On sert son dîner entre huit et neuf heures, avec les mêmes précautions et le même cérémonial qu'au déjeuner. Le roi mange, comme tous les Persans, sur un tapis recouvert dans sa longueur d'une toile richement brodée. Quelques rois de Perse ont osé se permettre ouvertement l'usage du vin; personne de la famille régnante n'a enfreint de cette manière la loi de Mahomet. Le breuvage servi aux repas royaux est composé de sorbets de différents fruits; on les sert dans des bols. Il y a peu de pays où l'on mette plus de soin à flatter le palais par des mets délicieux. Le dîner fini, le roi se retire dans les appartements intérieurs, où s'exécutent, en sa présence, des jeux et des danses auxquels le dernier roi, Feth-Aly-Schah, prenait un grand plaisir.

Le roi de Perse a toujours un historiographe et un premier poète : l'un écrit les annales de son règne ; l'autre, qui tient un rang à la cour, compose des odes à sa louange et célèbre avec toute l'ardeur de la reconnaissance la munificence de son patron. Un géant et un nain faisaient naguère partie de la cour. Jamais on n'y manque d'un bouffon, qui jouit d'une très-grande liberté de parole, et prend dans ses vêtements, ainsi que dans ses manières, l'extérieur d'un fou. Les courtisans, à l'exemple du souverain, montrent une entière indulgence pour les malicieuses réparties du bouffon.

Le sultan Kurrym-Khan était né dans une tribu indigène de la Perse dont le dialecte et les habitudes passaient pour barbares. Le prince s'étant un jour assis en public, donna ordre à son bouffon, par forme de plaisanterie, d'aller savoir ce que voulait un chien qui aboyait très-haut. Pendant que les courtisans souriaient de la saillie du monarque, le bouffon alla comme on le lui avait dit, et parut écouter pendant quelque temps le langage du chien ; puis il revint d'un air très-grave dans la salle d'audience. « Il faut, dit-il au roi, que votre majesté envoie un officier de sa propre famille pour savoir ce qu'exprime ce monsieur : il parle le langage de la tribu de Zund, et je n'en comprends pas un seul mot. »

Kurrym-Khan rit de bon cœur de cette repartie, et fit un don au plaisant pour le récompenser de sa réplique. Cette anecdote fait voir que les bouffons actuels de la Perse jouissent des mêmes priviléges que ceux que l'on entretenait dans les cours et les châteaux d'Europe il y a plusieurs siècles.

Un conteur d'histoires est une charge importante de la maison du roi, et ce rôle demande vraiment un talent remarquable, parce qu'aucune nation n'est plus exercée dans l'art de nouer et de conduire un récit que la nation persane. Il faut non-seulement moduler sa voix selon les différentes scènes que l'on retrace, mais encore donner la pantomime de son histoire : réussir en ce genre peut conduire à la réputation et à la fortune, mais beaucoup s'y essaient et peu y parviennent. Quand les lieux et les circonstances l'exigent, le conteur doit savoir redire les faits historiques, ou mêler les accents de la poésie et citer les plus beaux passages des meilleurs poètes pour charmer l'oreille du souverain et de l'auditoire qui l'entoure. Pour dissimuler les ennuis d'une longue marche à travers les plaines arides, le narrateur a recours aux contes de génies et d'enchanteurs ; il décrit des jardins ombragés, des palais remplis de jets d'eau, et son imagination les peuple de créatures plus belles et plus séduisantes que la réalité ne saurait en offrir.

Il fait parler tour-à-tour une sultane orgueilleuse et sa belle et timide esclave ; puis sa voix tonne comme celle du guerrier ou répète les gémissements d'une mère qui revoit son fils expirant après la victoire. Aux larmes qu'il a fait couler, il fait succéder une folle joie en racontant quelque ruse habilement ourdie, au moyen de laquelle l'adresse l'aura emporté sur toutes les précautions de l'avarice et de la peur.

Il n'y a point de cour plus sévère sur l'étiquette que la cour de Perse. Les regards, les gestes, les mouvements, tout est réglé d'avance ; chacun a sa place marquée et s'y retrouve chaque jour dans la même attitude que la veille. Princes et courtisans épient les regards du maître ; s'il parle, on lui répond à l'instant ; mais le corps reste immobile tandis que les lèvres répondent dans les formules voulues.

Dans les occasions extraordinaires, telles que l'arrivée d'un ambassadeur ou les fêtes, la cour de Perse déploie une magnificence inimaginable ; Feth-Aly-Schah a surtout mis un grand luxe à recevoir les ministres européens qui lui ont été envoyés. Quand l'ambassadeur arrive dans l'enceinte de la demeure royale, les hommes et les chevaux sont rangés ensemble dans la cour ; un officier introduit l'étranger dans la salle d'audience : c'est une pièce magnifique, ouverte sur un jardin orné de fontaines. Depuis le trône jusqu'à l'entrée des jardins, les princes, les ministres, les nobles, les courtisans et les 'gardes du roi sont rangés dans l'ordre qu'ils doivent occuper. Tous étalent un grand luxe de costume, mais rien ne saurait se comparer à l'éclat du souverain; son trône, ses vêtements, resplendissent des pierreries les plus belles qui se soient jamais vues. Deux officiers porteurs de baguettes émaillées d'or avertissent l'ambassadeur de saluer; on prononce son nom au roi, qui lui dit : « Vous êtes le bienvenu. » et les officiers le conduisent à une place désignée pour lui, à quelque distance du trône. Quand les lettres de créance sont lues, le roi, par forme obligeante et pour remettre l'envoyé de la pompe dont il doit être frappé, lui adresse quelques paroles moins graves et reçoit les présents qu'il lui offre, mais sans jamais témoigner la moindre admiration, car les chefs-d'œuvre les plus précieux ne sauraient être un objet inattendu pour le souverain de la Perse.

De toutes les vertus, celle que les Persans tiennent le plus généralement à honneur de remplir, c'est l'hospitalité. On cite d'incroyables exemples de la prodigalité des chefs de tribus à l'égard des hôtes qu'ils convient à les visiter ou même des étrangers que le hasard leur amène. Presque toujours un accueil bienveillant attend le voyageur qui se présente sur le seuil d'une maison inconnue ou à l'entrée d'une tente pour y demander l'abri et la nourriture.

Nous savons que les Orientaux épousent plusieurs femmes et les tiennent enfermées dans leurs palais. Si elles sortent quelquefois pour faire des emplettes, elles doivent se tenir soigneusement voilées sous des tissus épais, qui ne laissent deviner aucun de leurs traits.

Le divorce est autorisé en Perse, mais les conditions en sont si difficiles qu'on ne le pratique presque jamais.

Un mariage est en Perse l'occasion des plus folles prodigalités; les fêtes données à cette occasion durent plus d'un mois chez les riches, et les plus pauvres ne les maintiennent pas moins de trois jours.

Dans les tribus il existe quelques usages particuliers qui tiennent encore aux croyances antérieures à la religion mahométane.

Si la mariée est la fille d'un chef ou d'un ancien, elle est accompagnée par tous les cavaliers qui sont soumis à son père; le cortége est grossi par des danseurs et musiciens. Dès que le mari aperçoit la cavalcade, il monte à cheval à son tour, et, tenant en main une pomme ou une orange, il la lance de toute sa force à la mariée. Cela fait, il retourne à toute bride vers sa demeure. Les protecteurs de la mariée doivent tâcher de le saisir, et celui qui y réussit a pour récompense son cheval et ses habits, si le marié est riche. Parmi les pauvres il rachète ces objets au prix d'une légère indemnité. Mais le marié ne se laisse pas souvent prendre; et comme c'est un point d'honneur pour lui d'échap-

per à ses poursuivants, ses amis protégent tous sa
fuite, et il s'est pourvu d'avance du cheval le plus
léger de sa tribu.

« Arrivée à sa future demeure, la mariée est
» conjurée par les femmes qui l'accompagnent de
» ne pas se laisser persuader de descendre, et la
» famille du marié, au contraire, s'empresse au-
» tour d'elle et la prie de venir dans la maison
» de son mari. Cet instant est le seul moment où
» la femme orientale exerce quelque pouvoir. Elle
» règle alors les conditions de son mariage, fixe le
» douaire qui doit lui rester en cas de veuvage ou
» de divorce; elle reçoit des présents de sa nou-
» velle famille, et ne se rend enfin à leurs désirs
» que lorsque son indépendance a été quelque peu
» défendue. »

---

## LE ROI DE PERSE ET L'ESCLAVE.

Aly-Reza, historien persan, dit, en parlant de
Kurrym-Khan : « Les rayons de ce soleil majestueux s'étendaient sur tout l'empire de la Perse,
mais l'influence de sa bienfaisante chaleur se faisait sentir plus particulièrement à Schiraz. »
Des raisons politiques avaient en effet déter-
miné Kurrym-Khan à établir sa cour dans la capitale du Farsistan. La tribu dont il sortait, celle de
Zund, appartenait à cette province, et le nouveau

sultan trouvait sa situation moins exposée au milieu des siens, qu'en allant siéger à Ispahan ou à Téhéran, où ses prédécesseurs avaient toujours fait leur résidence. Kurrym-Khan avait d'abord été simple soldat dans l'armée de Nadir-Schah, Thamas-Kouli-Khan ; sa valeur avait fait sa fortune, et arrivé aux plus hauts grades à la mort de Nadir, il disputa l'empire à d'autres compétiteurs et l'emporta sur eux. Par modération, cependant, le général n'accepta avec le pouvoir absolu que le titre de wely, gouverneur ; mais l'histoire n'a pas tenu compte de cette réserve, et le règne de Kurrym est un des plus glorieux des annales de la Perse. Ses ennemis vaincus et la paix assurée, le wely ne songea plus qu'à embellir sa ville de prédilection et à s'entourer de savants en tout genre. Son goût pour les sciences et les arts était de pur instinct, car ce soldat de fortune ne savait ni lire, ni écrire ; son âge précis lui était même inconnu. Cependant il prenait un soin tout particulier des affaires de son royaume, et, selon la coutume des rois de Perse, donnait audience à ses sujets à deux heures fixes pour entendre leur plaintes et réparer les dénis de justice commis par les juges placés en sous-ordre. Ses devoirs accomplis, le monarque menait une joyeuse vie ; il encourageait ses courtisans à l'imiter, et les danseurs, les musiciens et les jongleurs arrivaient en foule à Schiraz, où ils trouvaient toujours des gens prêts à les accueillir et à payer largement leurs talents divers.

Cependant tout ce qui dépendait du pouvoir de Kurrym-Khan ne bénissait pas son règne avec le même enthousiasme que les habitants de la ville bien-aimée. Schiraz se transformait en une place forte entourée de murailles flanquées de tours; une citadelle, une mosquée, un bazar, le palais du souverain, s'élevaient à l'admiration unanime du peuple et des grands; et les poëtes se plaignaient de l'insuffisance de leur langage pour parler dignement du monarque et de ses œuvres.

Dans le même temps où tant d'éclat environnait Kurrym, les autres provinces du royaume languissaient dans la détresse, et la Géorgie, lasse du honteux hommage qu'elle rendait à la couronne de Perse, cherchait à transporter à la Russie le droit de protection exercé depuis des siècles par les souverains orientaux. Restés chrétiens, malgré l'influence des nations mahométanes qui les avoisinent, les Géorgiens auraient souhaité de se rattacher à une puissance qui eût une même foi que la leur. Kurrym-Khan apprit qu'Honorius, le wely de géorgie, avait fait des démarches auprés de Catherine de Russie pour former alliance avec elle; aussitôt il expédia un messager auprès d'Honorius, et lui donna l'ordre d'envoyer ses deux fils et sa belle-fille en otage à sa cour, et d'y joindre douze jeunes filles, choisies parmi les plus nobles familles de Géorgie et destinées à être esclaves dans le harem. L'envoyé ajoutait les menaces de son maître à ces terribles ordres. Si l'obéis-

sance la plus prompte ne répondait pas à la volonté
du souverain, il viendrait en personne à la tête de
son armée ravager le pays rebelle, et permettrait
à ses soldats et à ses officiers de prendre chacun
autant d'esclaves et de femmes qu'ils en pourraient ramener. Honorius fit connaître aux welys
de Géorgie quelles étaient les paroles de Kurrym,
et dit en même temps aux chefs que, pour sa part,
il n'en tiendrait aucun compte. Les Géorgiens,
tremblant pour leur vie et leurs propriétés, con-
jurèrent le prince d'obéir ; ils étaient depuis longtemps brisés à la même humiliation. La Turquie et
la Perse demandaient annuellement des esclaves
de la Géorgie, et comme c'est souvent un moyen
de haute faveur pour les jeunes gens que l'on envoie, les plus grandes familles font leur cour aux
souverains d'Orient en donnant leurs fils et leurs
filles à titre de présents aux têtes couronnées.

Les fils du wely ne partirent pas ; mais les douze
jeunes filles demandées et la belle-fille d'Honorius,
récemment veuve, se rendirent à Schiraz sous la
conduite des envoyés du roi.

Par bonheur pour le wely, qui pouvait succom-
ber sous le poids de la vengeance de Kurrym avant
d'être secouru par la Russie, une guerre occupa
d'un autre côté le maître de la Perse, et il feignit
de ne pas tenir compte de l'absence des fils d'Honorius à l'arrivée de la caravane.

Tout le mystère que l'on apporte aux voyages
des femmes avait été observé pendant la route,

et nul œil mortel n'avait entrevu les captives lorsqu'elles furent présentées au roi. La veuve du fils du wely plut d'abord exclusivement à Kurrym ; il lui donna rang parmi ses femmes et lui en accorda tous les honneurs. Sudabah s'asseyait auprès du trône du sultan quand il siégeait chaque matin dans la salle du conseil du harem pour entendre les rapports des officiers femelles qui font le service de cette partie du palais. Elle exerçait une influence reconnue sur les décisions de Kurrym, et sa faveur excitait de sourdes jalousies contre la Géorgienne. Son crédit et son importance augmentèrent encore quand elle eut un fils, et l'on pensait généralement que le roi choisirait cet enfant pour son héritier. Mais Kurrym Khan apprit tout-à-coup qu'Honorius avait conclu le traité projeté avec la Russie ; un message secret adressé à Sudabah par son beau-père fut intercepté, et la sultane, accusée de trahison, reçut sa sentence de mort. Le premier ministre de Kurrym était chargé de faire exécuter sous ses yeux la princesse géorgienne et son fils Salah-Khan, que le roi enveloppait dans le même arrêt, de peur qu'il ne prît quelque jour fantaisie au jeune prince de venger sa mère.

Sudabah devait être conduite hors de la ville, dans un endroit désert et être étranglée et enterrée dans le même lieu. Sans se plaindre de la disgrâce, sans implorer la miséricorde du roi, la sultane, parée de ses plus riches pierreries, sortit du harem dans une litière couverte, tenant son

fils sur ses genoux, des gardes marchaient à côté
des portières, et le ministre, à cheval, précédait ce
lugubre convoi. Quand on fut arrivé au lieu désigné, le ministre s'avança respectueusement vers
la litière et pria la sultane d'en descendre. En ce
moment Sudabah avait écarté son voile pour pen-
cher son visage pâle, mais plein de calme et de dignité, sur le front de l'enfant endormi. Le ministre
se montra frappé d'admiration et de pitié, et pria
la princesse de lui pardonner le cruel office qu'il
allait remplir. — Faites votre devoir, lui répondit
froidement Sudabah ; mais si vous voulez épargner
à ce pauvre enfant la connaissance de son malheur,
frappez-le pendant qu'il sommeille ; après cela
disposez de ma vie, je vous l'abandonnerai sans
regret.

Au lieu de répondre, le ministre parut réfléchir :
il était évident qu'il éprouvait une invincible répugnance à obéir.

— Pourquoi hésitez-vous ? demanda la sultane.

— Madame, dit le ministre, je ne sais quel sentiment m'agite ; mais si vous trouviez quelque
moyen d'échapper à vos gardiens, croyez que j'en
serais plus heureux que vous-même.

— Si vous parlez sincèrement, dit Sudabah, je
puis donner ces bijoux, qui allaient vous appartenir par ma mort, pour acheter le silence de mes
bourreaux.

— Eh bien ! dit le ministre, je vais m'écarter un
peu ; essayez cette voie de salut, et vous tâcherez

après cela, de prendre la fuite sous quelque déguisement, et de cacher à jamais votre existence passée sous les apparences les plus simples.

Le ministre n'osait pas, dans le cas où les soldats se fussent montrés incorruptibles, protéger ouvertement la condamnée; il s'éloigna donc, et Sudabah s'avança vers les gardes.

— Choisissez, leur dit-elle, en leur présentant des rangées de rubis et de perles fines qui entouraient son cou, ses bras et sa ceinture, choisissez entre ma vie et votre fortune à tous. Ces pierreries sont d'un prix inestimable; vous les posséderez, si vous me laissez prendre la fuite avec mon pauvre enfant. Le péril que je cours à être reconnue vous répond de ma discrétion; je vais m'en aller à travers les montagnes, et le reste de mes jours, je me cacherai dans les plus obscures conditions. Accordez-moi donc la vie pour cet enfant et pour moi, qui n'avons jamais fait de mal à personne. — Les soldats hésitaient, la sultane fit signe au ministre d'approcher; il permit aux gardes d'accepter les dons de la princesse, et cette scène si tristement commencée s'acheva dans des témoignages d'une reconnaissance réciproque.

Sudabah, laissée dans le désert, ne tarda pas à rejoindre des tentes de pasteurs où elle reçut une généreuse hospitalité. Le sultan crut de bonne foi sa volonté remplie, et on ne parla plus de la fille du wely dans le harem, tant de semblables événements sont communs en Perse. La sultane déchue se fit passer pour la veuve d'un soldat mort dans les rangs de l'armée, et elle se familiarisa peu à peu à tous les travaux manuels que réclamait sa condition d'esclave. C'était dans la tribu sauvage de Zund, celle qui se flattait d'avoir donné le souverain Kurrym à la Perse, que Sudabah et Salah-Khan, son fils, avaient trouvé un refuge.

D'abord très-inexpérimentée aux soins que réclamaient d'elle ses nouveaux maîtres, la sultane sut cependant bientôt exécuter avec intelligence tous les devoirs de sa charge. Elle allait chércher l'eau, tissait la laine des moutons et des chameaux pour en faire des étoffes, savait traire les chamelles et les brebis, préparer leur lait de diverses façons, et ne réclamait jamais d'autre prix de son zèle que des traitements favorables pour son enfant. Le prince Salah-Khan était trop jeune pour s'apercevoir du changement de sa condition. Il apprit le rude langage des Zunds, s'exerça comme ses jeunes camarades à manier les armes, à monter sur les chevaux, aussitôt que ses forces le lui permirent. Rallier un troupeau, lancer des flèches, sont les exercices favoris des enfants des tribus errantes. A peine si, lorsqu'ils étaient tous deux seuls, la princesse osait essayer d'adoucir la rudesse des manières de son fils, en lui faisant entendre des chants du poëte Saadi, des fables et des contes orientaux. Le fils du sultan ne gardait de sa haute origine qu'un extérieur plein de noblesse : encore le devait-il plutôt à sa ressemblance avec sa mère, qu'à ce que le sang paternel lui avait donné de rapport avec la tribu de Zund. Quand il eut atteint l'âge d'homme, des inclinations guerrières se développèrent dans l'âme du prince; il quitta sa tribu sans rien dire à sa mère, se rendit à Schiraz et demanda à entrer dans les troupes disciplinées du sultan. Sudabah n'avait jamais révélé à Salah ce qu'il était; seulement elle l'avait entretenu d'histoires de soldats qui étaient devenus des princes et des chefs d'armée; l'ambition de l'enfant s'était secrètement développée en écoutant les récits maternels, et le jeune homme voulut à son tour tenter une haute fortune dont il croyait sentir en lui le pressentiment. D'ordinaire, les mères ont peu d'influence sur leurs enfants mâles en Perse. La femme est considérée comme si au-dessous de l'homme, qu'à part quelques exceptions fort rares, les fils aussi bien que les maris ne voient guère que des esclaves dans celles qui les mettent au monde ou soignent leur ménage. Dans la tribu, cette inégalité se faisait moins sentir que dans la classe civilisée, et le jeune prince, en voyant sa mère si fort au-dessous des femmes zunds par son langage et l'élévation de ses manières, lui accordait plus de déférence encore que les autres mères n'en obtenaient. L'acte d'indépendance qui séparait Sudabah et Salah la rendit d'autant plus malheureuse, qu'elle avait moins le droit de s'y attendre. Elle ne pouvait pas aller le réclamer ni même le voir sans s'exposer à être

questionnée et peut-être reconnue. Le ressenti-
ment de Kurrym ne devait pas s'être adouci, puisque la Géorgie s'était décidément soumise à la
Russie. C'était pour ne pas faire éclater une guerre
plus acharnée entre son père et le sultan, que la
princesse n'avait pas voulu tenter de retourner à la
cour d'Honorius. D'ailleurs, c'eût été manquer de
foi envers le ministre, livrer à la colère du Sultan
les gardes qui l'avaient prise en pitié. Le wely,
aussi bien que tout le reste du monde, ignorait ce
qui était arrivé à sa fille. Sudabah attendit en vain
le retour de son fils ; elle se crut oubliée, mépri-
sée, et ne se trouva plus aucune consolation à la
triste existence qui lui était échue.

Dans le fait, le prince-soldat, irrité de la situation dépendante de sa mère, blessé de n'appartenir à aucune famille, avait résolu de se faire un
nom et de ne reparaître parmi les Zunds qu'avec
un grade honorable dans l'armée du sultan. Lorsque Salah demanda à être incorporé dans l'armée,
le frère du sultan, Saaduck-Khan, organisait des
troupes pour marcher contre le pacha de Bagdad,
qui avait rançonné des pèlerins persans se rendant
aux tombeaux des prophètes chiites Aly-Hussein
et Hassun, vénérés par les Persans comme les dépositaires directs du pouvoir de Mahomet, tandis
que les Turcs suivent la doctrine d'Aboubeckre,
Omar et Othman, leurs compétiteurs. Le but de
la guerre était la conquête des tombeaux saints :
les Turcs se disposèrent à soutenir Omar contre

l'armée de Kurrym. Le sultan de Schiraz offrait
la paix au prix de la tête du pacha, qu'il demandait en réparation des insultes faites aux pèlerins.
Par point d'honneur, la Porte refusa d'abord; puis
la guerre s'engageant et l'armée de Saaduck s'étant
emparée de Bassora, les Turcs s'humilièrent, et la
tête du calif fut apportée à Schiraz, en signe de
paix, par des émissaires Turcs.

Durant le siége de la ville, qui retint quinze
mois entiers les Persans en campagne, Salah ne
perdit aucune occasion de se distinguer. Saaduck-
Khan, ayant remarqué son zèle, prit soin de son
avancement, et se l'attacha comme aide de camp.
Arrivé à ce poste, le jeune officier donna toutes
les preuves imaginables de dévouement à son chef,
et parvint à lui sauver la vie sur le champ de bataille. L'ambition, plus encore que la reconnaissance, servait de mobiles à tous les actes de Salah; s'élever toujours était son unique pensée, le
besoin incessant de son esprit. Les circonstances
le servirent à point. Bassora rendu, le frère du
roi nomma un gouverneur de la ville, y laissa des
forces suffisantes pour maintenir la paix, et ramena son favori à Schiraz, en lui promettant de le
présenter au sultan.

Saaduck était connu en Perse pour sa sévérité
poussée jusqu'à la barbarie; dans l'exécution des
ordres qu'il recevait, le fils de Sudabah se sentait
quelquefois révolté; mais il surmontait ce sentiment comme une faiblesse et se faisait l'impitoya-

ble exécuteur des volontés de son chef. Son zèle ne manquait pas d'être apprécié, et Salah remontait pas à pas vers le rang que le hasard lui avait fait perdre. Déjà il possédait des richesses capables de satisfaire l'ambition d'un fils de wely; il sentait que sa destinée n'était qu'à demi remplie; et voulait arriver aux dignités et prendre un rang à la cour. Dans leurs entretiens de la route, le frère du roi interrogeait son protégé sur sa famille, et, par sa fierté, Salah avoua qu'il soupçonnait sa mère d'appartenir à quelque famille puissante, dont elle lui avait toujours tu le nom. La beauté de Sudabah, son instruction, son langage, ne ressemblaient en rien aux habitudes des femmes de la tribu où elle vivait, et un mystérieux événement avait sans doute jeté Salah et sa mère parmi les Zends : la première des tribus persanes, » ajoutait le courtisan en parlant au prince, de peur de l'offenser sur ce sujet. S'il pensait avec orgueil que son père dût appartenir à cette peuplade, certainement sa mère ne pouvait être que Géorgienne. Cette fable apparente amusa le frère du sultan, qui se promit de faire venir la mère de son protégé à Schiraz, et de savoir d'elle toute la vérité.

Lorsque le sultan eut entendu son frère sur tout ce qui concernait la politique et l'armée, Saaduck-Khan lui parla du jeune officier qu'il voulait recommander à ses bontés. Kurrym-Khan aimait les aventures : il prit intérêt à la situation de l'orphelin accueilli par sa tribu, et se le fit présenter.

— Salah, lui dit-il en riant, mon frère m'a mis au fait de vos intérêts de famille, et je suis décidé à venir au secours de votre mère, si elle a besoin de mon appui. Faites-lui donc savoir que je la demande à la cour, afin qu'elle vienne elle-même me dire comment je puis lui rendre une situation digne d'elle.

Depuis son retour, Salah n'était point allé voir sa mère; il lui ménageait une grande surprise, et prétendit conduire l'événement selon ses vues personnelles. Il envoya donc des soldats vers la tente des maîtres de Sudabah, et leur dit de s'emparer, au nom du Sultan, de l'esclave Géorgienne qui s'y cachait depuis longues années. Quand la princesse vit venir ces hommes et s'entendit réclamer, elle se crut perdue, sans pouvoir soupçonner comment on avait appris qu'elle vivait encore. Le Zund dont elle s'était volontairement faite esclave prit intérêt à elle, et voulut l'accompagner à Schiraz. Tous les hommes de la tribu obtenaient facilement accès auprès du roi; il dit à Sudabah de ne pas s'effrayer de ce qui lui arrivait, et que Kurrym pourrait bien lui faire grâce à sa considération, quand même, comme il l'avait toujours pensé intérieurement, elle appartiendrait à quelque chef révolté. La sultane ne s'expliqua pas avec son protecteur; mais elle accepta sa médiation, et partit avec lui et les gardes, pour se rendre à Schiraz. Chaque jour, Kurrym-Khan donnait audience à ses sujets; l'escorte avait reçu l'ordre d'arriver à l'heure où le roi rendait la justice, et le jeune officier vint aborder sa mère à l'entrée du palais. A la vue de son fils, Sudabah, plus sensible aux danger qui les menaçait tous deux, répandit des larmes, et demanda au jeune homme pourquoi il l'avait si longtemps abandonnée, et comment il se faisait qu'en ce même instant leur situation parût si différente?

— Ne vous troublez pas, ma bonne mère, reprit Salah; personne ne vous veut de mal, et c'est pour vous rendre la situation que vous avez perdue que le sultan vous appelle.

— Ce que vous prétendez est impossible, Salah, dit la princesse, car vous-même n'avez aucune idée du rang que j'occupais autrefois.

— Quelque seigneur Géorgien, est votre père?

— Depuis longtemps ma famille me croit morte, et si je viens ici, il faut que quelque ennemi puissant en veuille à votre vie et à la mienne.

— Vous allez être détrompée, continua le jeune homme; ma fortune est faite, le prince Saaduck-Khan me traite comme son fils, et il m'a puissamment recommandé au sultan lui-même.

— C'est donc vous, interrompit Sudabah, qui me forcez à paraître à l'audience?

Salah fit un signe affirmatif; sa mère y répondit par une expression de désespoir, et, baissant son

voile, elle se présenta dans la salle où le sultan
venait d'arriver. En jetant les yeux sur les gens
qui étaient réunis pour lui présenter leurs re-
quêtes, Kurrym aperçut d'abord le pasteur zund
et son esclave; il leur fit signe de s'approcher. Les
gens de la tribu du sultan jouissaient, entre tous
ses autres sujets, du privilége de lui parler avec familiarité. Le Zund s'avança donc, et, instruit d'abord
par Sudabah, il demanda au sultan pourquoi il lui
plaisait de vouloir lui ôter la meilleure de ses esclaves, quand cette femme depuis vingt ans ne
quittait jamais les tentes, et n'avait pu en aucune
manière offenser le roi, ni personne qui dépendît
de son autorité. Il priait le sultan de lui permettre de retourner immédiatement dans ses plaines
avec la mère de Salah. Le ton que prenait le Zund
fit sourire le monarque, et, comme il était décidé
à traiter toute cette affaire en plaisanterie, il dit à
l'esclave d'instruire en sa présence le jeune officier du nom de son père. — Après cela, continua-
t-il, je promets, sur ma parole, de vous rendre à
l'un et à l'autre votre fortune perdue. Salah ne sait
pas se contenter des faveurs dont mon frère l'a
comblé; il veut descendre de quelque prince : c'est
une fantaisie qu'il dépend sans doute de vous, ma
bonne femme, de contenter. »

Sudabah garda le silence.

— Cette femme est-elle muette ou sourde? dit
vivement Kurrym.

— Allons, parlez à votre tour, reprit le Zund;

car nulle femme ne sait dire ce qu'elle veut en plus beau langage que vous.

Une agitation profonde ôtait à Sudabah la faculté de s'exprimer; le moment était décisif pour la fortune de son fils; elle allait prononcer sa sentence de mort, ou le placer auprès du trône.

— Quel est votre pays? répéta le sultan.

— Je suis Géorgienne, dit enfin Sudabah.

— Quel est votre nom?

Au lieu de répondre, Sudabah releva son voile, et le roi la nomma lui-même avec une exclamation de stupeur.

— Maintenant, dit la sultane à Salah, demandez à votre tour au maître de la Perse quel est votre père?

Salah se prosterna aux pieds du monarque, qui le releva en l'appelant son fils, au grand étourdissement du jeune homme, qui, pour cette fois, se trouvait placé plus haut encore qu'il n'avait jamais osé le rêver. Le monarque se montra touché des malheurs dont Sudabah avait été la victime. Sa longue retraite, le silence qu'elle avait gardé envers sa famille et son fils, donnaient des garanties suffisantes de sa fidélité. Bien loin d'avoir été élevé pour la vengeance, le prince Salah-Khan venait de dévouer ses premières armes à la gloire de son souverain; il était aimé de tous les officiers et des soldats qui l'avaient connu au siége de Bassora. Sa rentrée à la cour semblait une juste récompense de ses services et de son mérite. Cepen-

Le Roi de Perse, le Marchand et l'Esclave.

P. 264

dant les autres fils de Kurrym ne montrèrent aucun empressement à recevoir dans leurs rangs ce nouveau compétiteur au trône. Sudabah revint dans le harem, reprit de riches habits, retrouva sa vie opulente sans éprouver le même enivrement que son fils pour tous les honneurs. Elle avait l'expérience du peu de solidité de la faveur des cours, et l'avenir de Salah ne lui semblait pas exempt de menaces. Kurrym-Khan était vieux, il n'avait pas désigné son successeur ; à titre d'aîné, Salah pouvait prétendre à la couronne, et il y songeait sans cesse. Ses frères ne voulaient pas admettre qu'il y eût des droits; les fils de Saaduck-Khan paraissaient de leur côté chercher à se former un parti, pour disputer le pouvoir à leurs cousins : la mort de Kurrym fit éclater ces diverses prétentions. Séparés pendant de longues années de la cour, Sudabah ni son fils n'avaient pas eu le temps de se former des partisans; et quand la lutte des prétendants s'engagea, le prince Salah subit le premier le pouvoir du parti vainqueur. Afin de le mettre à jamais hors de cause, Akbar-Khan, son cousin, lui fit crever les yeux et le relégua dans une forteresse où, par une faveur particulière, sa mère eut la permission d'aller finir ses jours auprès de lui. Le malheureux Salah paya ainsi le plaisir d'avoir vu son ambition satisfaite pendant quelques jours.

## LA CHINE.

A lui seul, l'empire de la Chine absorbe à peu près la dixième partie du globe habité. Le mystère qui enveloppe sa politique et son histoire a fait naître des idées exagérées sur l'antiquité de sa civilisation et de ses progrès. Toutefois, la population du céleste empire, c'est ainsi que les Chinois appellent leur pays, s'élève à environ cent soixante-quinze millions d'hommes. L'Europe entière ne compte pas beaucoup plus d'habitants.

La Chine fut connue d'abord sous le nom de Grand-Cathay. Un Vénitien, Marco-Polo, y pénétra par le Turkestan. Au seizième siècle, des navigateurs portugais donnèrent des détails sur le même pays, que l'on reconnut pour être celui visité, sous le nom de Grand-Cathay, trois siècles auparavant. On envoya des embassades; des négociants tentèrent des relations commerciales; mais les renseignements les plus précis sur les Chinois nous sont venus par les missionnaires catholiques. Déjà le christianisme s'était introduit en Chine avant le voyage de Marco-Polo, car ce navigateur raconte qu'il trouva une peuplade entière soumise à l'autorité d'un prêtre; mais s'il est vrai que l'Évangile ait été prêché, il n'en restait plus aucune tradition lorsque l'Église romaine envoya des prêtres en Chine.

Saint François Xavier, qui avait un vif désir d'ouvrir cette nouvelle mission, mourut en vue des côtes, et légua ses devoirs au père Mathieu de Ricci ; ce religieux déploya de si hauts enseignements dans ses prédications et dans ses œuvres, que l'empereur de la Chine lui accorda une protection ouverte. Depuis lors, les missionnaires furent tour-à-tour persécutés avec acharnement, ou simplement tolérés dans l'étendue des états chinois. Malgré leur prétendue réputation de science, les néophytes avaient tout à gagner, en s'instruisant, auprès des jésuites, des inventions de l'industrie européenne. L'imprimerie leur était connue; mais ils ne faisaient pas usage de caractères mobiles. On leur apportait aussi la boussole, guide si précieux pour un peuple navigateur. Tchen-Tchi, alors empereur, accueillit le père Châle avec distinction, et l'éleva jusqu'au grade de conseiller-directeur des affaires célestes. A la mort du prince tartare-mantchou, les ennemis des jésuites l'emportèrent sur eux, et ils furent soumis aux traitements les plus barbares.

Au dix-septième siècle, ils rentrèrent tout-à-coup en faveur, et rendirent d'immenses services aux sciences. Les jésuites s'étaient si bien familiarisés avec le Chinois, qu'ils composèrent dans cette langue des ouvrages mis au rang des plus érudits, et qui firent partie de la collection des ouvrages classiques de la nation.

Rien de plus obscur que l'histoire des Chinois.

Fo-hi, le fondateur qu'ils se choisissent, et Jao, sont des personnages allégoriques placés dans une si haute antiquité, qu'on ne saurait admettre une chronologie qui remonterait de beaucoup au-delà de la création du monde. Il faut prendre l'histoire à Confucius pour s'y reconnaître. Ce philosophe a donné la première impulsion morale aux lois. Après lui se succédèrent de nombreuses dynasties, régnant par les guerres, les supplices, et chassées tour-à-tour par des défaites ou des révoltes. La maison régnante est revenue au dix-septième siècle s'emparer, par la force, du pouvoir qu'on lui avait enlevé trois cents ans auparavant.

L'empire chinois est divisé en six grandes parties : la Chine, proprement dite, le pays des Mant-choux, la Mongolie, la Petite-Boukharie, la Kalmoukie et le Thibet. Nous nous occuperons seulement de la Chine proprement dite. C'est surtout par eau que se fait le commerce de l'intérieur; les rivières sont multipliées, et des canaux augmentent encore les moyens de communication. La Chine est généralement fertile; partout elle est cultivée avec le plus grand soin. Le riz, le mûrier à soie et l'arbre à thé sont les principales branches de l'agriculture et du commerce. Grâce à la diversité des climats du vaste empire, les céréales d'Europe croissent sur son territoire, où se trouvent aussi le bambou, l'arbre à suif, le vernis, le camphrier, l'oranger, l'abricotier, le jujubier, le pêcher, la rhubarbe, le ginseng, herbe à laquelle on attribue tou-

tes sortes de vertus médicinales; l'indigotier, le
cannellier, la canne-à-sucre, le muscadier et le gi-
roflier. Les quadrupèdes asiatiques se retrouvent en
Chine; la variété des oiseaux et des poissons y est
incalculable.

Pour subvenir à nourrir la nombreuse population de l'empire, il ne faut pas moins que toutes ces
ressources, et pas un pouce de terrain ne reste inculte dans toute l'étendue de la Chine; encore les
disettes sont-elles fréquentes; les entraves mises
au commerce extérieur ne permettent pas de remédier, par l'importation, aux accidents qui peuvent frapper les récoltes.

Une fête solennelle a lieu tous les ans en l'honneur de l'agriculture; l'empereur y dirige lui-
même la charrue à la tête des laboureurs de la
province. Comme cette cérémonie a été décrite
bien des fois, nous ne la détaillerons pas ici. Ce
n'est pas un intérêt fictif que le souverain de la
Chine montre pour les produits territoriaux; il
est le seul propriétaire du sol, et on lui paie un
dixième de toutes les récoltes. Les jardins tant
vantés de la Chine jouissent d'une réputation usur-
pée. L'espace manque pour les cultures d'agré-
ment, et on entasse dans le moindre enclos des
rochers, des bois, des plaines, des monticules, des
cavernes artificielles, des pagodes et des animaux
fabuleux qui fatiguent la vue et sont du plus mauvais goût.

Mais pour les palais de l'empereur, il en est tout

autrement, et l'art et la nature confondent leurs productions dans ces jardins, sans qu'il règne la moindre confusion dans l'ensemble. Les Chinois excellent à exagérer à l'œil la véritable étendue d'un terrain, par la manière de disposer les objets ; ils massent les grands arbres sur un premier plan, ouvrent des perspectives où d'autres arbres moins grands et de tons plus clairs continuent les lignes. Le moindre bâtiment placé dans ces enclos prend de loin l'aspect d'un palais. L'extérieur des constructions est en général recouvert de dorures qu'abritent des toits très-avancés.

De magnifiques fleurs ornent les parterres ; dans le jardin des Délices, situé près de Pékin, un lac très-étendu donne une véritable grandeur au paysage. Des kiosques contenant une salle toujours ornée d'un trône sont épars dans le jardin ; des peintures et des pierres précieuses décorent l'intérieur de ces lieux de repos. La sculpture en bois est portée à un haut degré de perfection en Chine, ainsi que la gravure sur pierre. Des chasses ou des guerres sont les sujets habituellement traités par les artistes, et toujours l'empereur est le héros des scènes retracées dans les tableaux qui ornent ses palais. Pour les peintures, les notions de perspective manquent tout-à-fait.

Le trône du monarque est le seul siége que l'on voie dans les pièces de réceptions. Personne en Chine n'a le droit de s'asseoir devant l'empereur, ni même dans son palais quand il est absent. On assure que les jardins réservés aux femmes du souverain contiennent des curiosités fort remarquables; mais jamais aucun Chinois ni un étranger n'a pénétré dans ce lieu, et il faut croire sur parole qu'une ville en miniature, peuplée d'une population de petits automates, donne aux femmes de la famille impériale une idée exacte de la ville de Pékin et de ses habitants.

Aucun peuple ne porte plus loin que les Chinois l'adulation pour son souverain. C'est surtout à la fête de l'empereur que l'adoration du peuple et des grands doit se manifester. Lord Macartney, ambassadeur d'Angleterre en Chine (en 1792), raconte qu'il assista à cette solennité.

« Les princes du sang, les tributaires, les am-
» bassadeurs, les grands-officiers de l'État et les
» principaux mandarins se réunirent d'abord dans
» une vaste salle; ensuite ils allèrent dans un édi-
» fice reculé, qui ressemblait à un temple. Il s'y
» trouvait beaucoup de grands instruments de mu-
» sique, et notamment des rangs de cloches cylin-
» driques suspendues à des châssis de bois d'un
» excellent travail. La grandeur des cloches di-
» minuait progressivement d'un rang à l'autre.
» Des pièces triangulaires de métal étaient dis-
» posées de la même manière et dans les mêmes
» proportions.

» Cet orchestre accompagna un hymne chanté
» lentement par des hommes dont les voix res-
» semblaient de loin au son de l'harmonica. Les

» chanteurs faussaient d'un ton à l'autre, au signal
» qu'on leur donnait en faisant résonner une cym-
» bale. Pendant l'hymne, et à des signaux neuf
» fois répétés, tous les spectateurs se prosternèrent
» neuf fois. L'empereur, objet de cet hommage,
» restait invisible, à l'exemple de la Divinité. Au
» milieu de la cour, on avait étendu un grand
» drap rouge carré. Il y avait, à chaque coin, un
» homme muni d'un fouet. Ces hommes, à un si-
» gnal convenu, se tournèrent d'un mouvement
» uniforme et firent claquer fortement leurs fouets,
» à neuf reprises différentes. Il paraît qu'en Chine,
» et dans d'autres contrées du Levant, le nombre
» neuf est un nombre sacré. »

Les divertissements et les plaisirs furent remis
au lendemain. Les Anglais visitèrent les temples
bâtis par l'empereur dans les environs du palais.
Un chef tartare, nommé Sun-ta-Zhin, offrit po-
liment à l'ambassadeur de lui servir de guide. Il
avait été récemment promu à la dignité de colao :
il n'y a dans l'empire que six mandarins revêtus
de ce titre.

Les appartements de cet édifice quadrangulaire
communiquent ensemble par un grand corridor
qui est en bas, et des galeries découvertes qui sont
en haut. Au milieu est une chapelle qu'on appelle
Dorée, parce que l'or y semble répandu avec profusion. On voit dans cette chapelle une balustrade
renfermant une estrade sur laquelle sont trois autels richement ornés et les statues collossales de

Fo, de sa femme et de son fils. Le tabernacle, éclairé par la lueur incertaine d'une lampe solitaire, est au fond dans un réduit obscur.

Les voyageurs montèrent ensuite jusque sur la plate-forme de la chapelle, afin d'examiner le toit et les rebords en saillie, qui sont, dit-on, en or massif, ainsi que les statues placées sur les autels.

Le plus grand nombre des tuiles qui recouvrent le toit sont de la grandeur de nos tuiles ordinaires; le ministre même de l'empereur assurait qu'elles étaient d'or massif, mais on crut s'apercevoir qu'elles étaient seulement recouvertes d'une épaisse feuille d'or.

L'empereur semble ne rien avoir épargné pour enrichir ce temple. Le Pou-ta-la est desservi par huit cents lamas (prêtres). On en voyait plusieurs assis sur le pavé, les jambes croisées : ils chantaient lentement et tenaient à la main des papiers où étaient écrites quelques lignes en caractères tartares. Quelques-uns de ces prêtres sont depuis leur plus tendre enfance consacrés au temple.

Les Chinois ont une grande facilité d'imitation et une grande patience pour les ouvrages qu'ils entreprennent. Leurs manufactures de soie, de coton et de porcelaine sont remarquables même à côté des produits européens. Les juifs sont les plus habiles ouvriers en soie de l'empire : leur nombre est très-grand dans les provinces où l'on élève les vers-à-soie. La quantité de soie manufacturée en Chine est presque au-delà de tout calcul; ce tissu forme le principal article de vêtement pour les riches. La province de Tché-kiang est la province d'où l'on tire la soie la plus belle, la plus blanche et la plus fine ; mais la province voisine, celle de Kiang-nan, est celle où les fabriques sont le plus nombreuses ; presque toutes les étoffes destinées à l'usage de l'empereur sont faites à Nankin, capitale du Kiang-nan. C'est aussi dans cette ville qu'est fabriqué le tissu de coton auquel elle donne son nom. Le papier est un autre article dont la Chine réclame l'invention, le premier ayant été fait de l'écorce d'un arbre et de vieux linge par Tsaï-lun, mandarin qui vivait environ deux siècles avant J.-C. On pense que c'est de Corée que les Chinois ont appris le secret de préparer cette encre excellente maintenant et universellement employée sous le nom d'encre de Chine.

Une indigence extrême est le lot de plusieurs milliers de gens, et les pauvres abondent dans ce pays. Mais la charité n'est pas une vertu très-pratiquée en Chine ; une poignée de riz est tout ce qu'un mendiant peut espérer d'obtenir : les marchands cependant ont des associations pour le soulagement de leurs frères malheureux. Les pêcheurs forment une classe très-nombreuse. Ils amorcent le poisson la nuit avec des lumières, comme on le fait ailleurs ; mais leur plus singulière manière de pêcher est l'emploi qu'ils font des cormorans apprivoisés pour se procurer du poisson. On met à ces oiseaux un anneau autour du cou, qui sert à les ramener et les empêche d'avaler la proie qu'ils ont saisie. Lorsque la provision du maître est suffisante, on ôte l'anneau et on laisse le cormoran pêcher pour son propre compte.

La porcelaine est appelée en Chine tsé-ki; et King-té-chin, village à l'est du lac Po-yang-kié, dans la province de Kiang-si, est le lieu où la plus belle porcelaine est fabriquée. Celle-là est réservée pour l'empereur seul. Le bleu et le blanc sont les couleurs ordinaires de cette poterie; le rouge est une des nuances les plus estimées. On recherche beaucoup les figures dorées sur un fond noir.

La culture du thé appartient presque exclusivement à la Chine. Il en existe une espèce choisie, exclusivement réservée pour l'empereur. Quelques caisses de ce thé sont expédiées à Saint-Pétersbourg, où on le paie 20 roubles la livre.

Pour la navigation des rivières, les Chinois construisent des barques d'une rare élégance. Hors cette navigation et celle des canaux, les marins du céleste empire sont maladroits et timides; leurs vaisseaux sont mal construits, et dirigés sans habileté. La grande préoccupation des matelots est de s'éloigner le moins possible des côtes. Ce que nous appelons leurs jonques, et qu'ils appellent ch'hwen, sont les vaisseaux les moins propres du monde à lutter contre les vagues, aussi le terme extrême des courses maritimes des Chinois ne s'étend pas au-delà des Moluques et de la Nouvelle-Hollande. Les jonques ont la forme de croissant, et portent en proue des gueules de dragons, des têtes effrayantes, soigneusement dorées.

La poltronnerie est un des caractères distinctifs du Chinois; cependant les esclaves subalternes embrassent volontiers la carrière militaire. Il est assez rare, à la vérité, qu'un soldat quitte sa province, et la paie attachée à son service met du moins un homme à l'abri des atteintes de la misère. Tous les grades élevés sont donnés de préférence aux Tartares, les sujets de prédilection de la dynastie régnante. La cavalerie tartare garde les frontières du nord; les régiments d'infanterie du même pays occupent toutes les grandes villes; on abandonne les villages aux troupes chinoises, ce qui entretient une animosité constante entre les deux nations. Un cavalier reçoit, pour sa paie, quatorze sous par jour; il a aussi sa maison et son jardin à lui, et peut travailler pour son compte aux heures que le service lui laisse libres. En temps de guerre il est largement indemnisé de la perte de ces avantages.

Le costume militaire varie selon les provinces. Des jaquettes bleues, bordées de rouges, sont d'uniforme en quelques cantons; dans d'autres, la jaquette est brune, bordée de jaune. Le casque est en cuir ou en carton, terminé par une pointe de pique et de longues touffes de crin rouge : ce qui est la marque distinctive du soldat, comme la boule sur le bonnet désigne un mandarin. Un corps d'élite, qu'on appelle *les tigres de guerre*, est vêtu d'une manière plus martiale. Les tigres portent un pantalon et un surtout collant d'une étoffe zébrée, et le capuchon dont ils ornent leur tête est terminé par deux excroissances qui représentent les oreilles d'un animal. Une massue et un bouclier, couverts de figures de chimères, complètent cet attirail militaire, quelque peu gâté par l'ombrelle que porte indispensablement un soldat chinois. Un proverbe des Tartares prouve le mépris de ceux-ci pour l'armée indigène : ils disent que le piaffement d'un seul cheval tartare suffit pour mettre en fuite toute une armée chinoise.

Rien n'est moins bien entendu que le système de murailles et de forteresses multipliées pour la défense de la Chine. L'architecture est encore dans l'enfance, et c'est surtout dans les monuments funéraires qu'il est curieux d'étudier le goût national. Ce sont des maisons en miniature, des terrasses superposées, dont le corps occupe la plus haute. A côté du mort, et sur les terrasses inférieures, on place des statues, représentant les esclaves favoris, des chiens, des chevaux, destinés à rappeler les affections et les plaisirs de celui qui n'est plus.

Pour ce qui est des maisons des vivants, une tente en a suggéré sans doute l'idée primitive. Des poteaux droits supportent le toit légèrement incliné : si les murailles sont élevées, le bâtiment spacieux, c'est la demeure d'un grand; les pauvres habitent les cabanes. Deux ou trois pièces, ouvertes sur une cour, suffisent à loger une famille de la classe moyenne. Les maisons des grands occupent beaucoup de place, et sont bâties autour de plusieurs cours, entourées de corps-de-logis unis entre eux par des galeries; ces galeries sont soutenues sur des pilliers peints en rouge. Les fenêtres sont fermées avec de la gaze, de la corne, de la nacre de perle ou du papier huilé; les vitraux ne sont pas en usage. A l'intérieur, les appartements sont décorés avec un luxe proportionné à la fortune des propriétaires. Des chaises, une table, des vases de porcelaine surmontés d'arbustes, des lanternes élégantes, des lits drapés en gaze et en soie, se voient chez les gens les plus riches. Des bancs formés dans le mur servent au coucher de la classe médiocre. On a différentes entrées à chaque maison, et la porte du centre ne s'ouvre qu'aux hôtes de distinction. En général, et même dans les palais impériaux, le luxe d'ameublement n'est pas porté très-loin en Chine.

Le type de la physionomie chinoise se rapproche de la race mongole. Une femme est trouvée belle en proportion de la petitesse de ses yeux, de la protubérance de ses lèvres, de la teinte foncée de ses cheveux et de la petitesse de ses pieds. On sait que ce dernier avantage s'obtient en estropiant les filles depuis leur plus jeune âge, et le pied comprimé et replié d'une Chinoise est dans le fait une chose difforme à voir. Cependant les femmes qui, par état, sont obligées de marcher, sont fort méprisées à cause de leurs *longs pieds*, et c'est sous ce nom que les dames chinoises désignent, par terme de mépris, les femmes des classes inférieures. Des fleurs choisies doivent orner la chevelure d'une femme de distinction ; son visage est peint ; elle porte des ongles démesurément longs ; sa démarche est embarrassée et pénible à cause de ses pieds ; si à ces avantages elle joint celui d'une taille très-mince, elle peut s'énorgueillir : car il ne lui manque rien pour compléter l'extérieur d'une personne de haute qualité.

Le pouvoir du mandarin est tout aussi absolu que celui du souverain. Le bambou joue un rôle fréquent dans l'administration de la justice ; mais aucun rang dans l'État ne préserve de la bastonnade, infligée comme punition. Un mandarin peut y être soumis comme tout autre sujet, selon le bon plaisir de l'empereur. Enfin toutes les notions d'un chinois, depuis son enfance, sont dirigées vers un seul point : l'obéissance. La nature sacrée d'un rang social lui est perpétuellement démontrée par des cérémonies sans nombre. A chaque pas il fait un salut ; il ne peut pas adresser un mot à son supérieur sans rappeler humblement son peu d'importance personnelle.

La difficulté de l'instruction dans un pays où la langue parlée et surtout la langue écrite ont des formes si variées, retient les classes inférieures dans une perpétuelle enfance. Chaque rang a son idiome à part, et les pauvres ne se servent jamais de celui réservé aux classes supérieures.

« La beauté d'un poème chinois, dit Malte-Brun, consiste à ne pouvoir être rendu par la déclamation; et les grands savants discutent entre eux en traçant en l'air, avec leurs éventails, des caractères qui ne répondent à aucun mot de la langue parlée. Aussi, cette langue parlée reste imparfaite, et le peuple ne peut profiter des lumières réservées aux seuls lettrés. »

La langue parlée se compose d'environ trois cent cinquante mots, que l'oreille inexercée d'un Européen peut à peine distinguer les uns des autres. Les mêmes termes servent pour exprimer plusieurs objets différents; une légère variation dans la manière de prononcer suffit pour changer entièrement la signification d'un mot.

La religion de la Chine était autrefois une espèce de sabéisme; mais il a été étouffé sous les nombreuses sectes qui en sont nées. Le bouddhisme indien a été adopté par le peuple, sous le nom de culte de Fô. Les préceptes de morale de Confucius paraissent être toute la religion des classes éclairées. Dans les temples dédiés à ce philosophe, une tablette le représente, et devant cette tablette, on brûle des parfums, on dépose des présents. La religion de la dynastie mantchoue est celle du Dalaï-Lama : l'empereur en est le chef.

La succession au trône est héréditaire; mais ce n'est pas toujours le fils aîné qui règne après son père.

Il n'y a pas, à proprement parler, de noblesse en Chine. Une classe influente, celle des mandarins, remplace l'aristocratie des autres contrées; mais leur dignité n'est point héréditaire, et les hommes de toutes les classes peuvent y prétendre.

Pour être admis dans cette classe privilégiée, où toute l'autorité civile est concentrée (1), il faut passer de longs examens littéraires, où les formalités de toutes sortes et les exigences les plus minutieuses entravent le libre développement de l'intelligence. Cette institution des lettrés a été fondée au 7e siècle.

« Un costume de mandarin, montré dernièrement par l'un d'eux à des voyageurs admis à Canton, consistait en une robe verte très-ample et tombant au-dessous du genou, avec une fente de chaque côté et des manches amples et flottantes. Chaque robe était en soie brochée, forte, épaisse, aux couleurs vives, aux dessins bizarres. Au milieu de la poitrine, on y voit deux griffons, signes distinctifs du grade, et toute l'étoffe se nuançait de figures étranges et fantastiques, comme celles que présente une soie moirée. La robe, ouverte sur le devant, permettait de voir un large pantalon de soie qui retombait sur des bottes à pointe courbe, faites de cuir noir, avec des semelles d'un

_______

(1) Il y a aussi des mandarins militaires; mais leur grade est regardé comme inférieur à celui des mandarins lettrés. On leur demande seulement de la force et de l'adresse pour les exercices du corps

pouce d'épaisseur. Un collier d'agate ou de corail tombait sur la robe ; quant au chapeau, partie la plus distincte du costume, il était rond, de feutre bleu-violet, garni de velours noir, et surmonté d'une boule bleue. Cette boule est la partie la plus caractéristique du rang des mandarins : la première classe a le droit de la porter rose, la seconde rouge, la troisième bleue. Le bâton de commandement, long de quelques pouces, fait de bois précieux, avec des incrustations d'or, complète le costume (1).

La mode et le caprice ne changent presque jamais en Chine la forme des habillements. En Chine, les pères ont un droit absolu sur leurs enfants ; souvent ils vendent leurs fils comme esclaves, et ils en ont le droit. Le respect filial est porté au plus haut degré dans ce pays. Un égoïsme extrême domine, du reste, en Chine. La difficulté de se nourrir et d'avoir des secours est cause d'un grand nombre d'infanticides. Une multitude de pauvres petits enfants sont abandonnés au courant des fleuves, ou jetés dans les rues pendant la nuit. Le gouvernement, par politique, ferme les yeux sur ce crime fréquent, et semble le tolérer. On porte à trente mille par an le nombre des enfants ainsi abandonnés.

Le caractère des Chinois est rusé, lâche, fier et égoïste. Lorsqu'on veut obtenir quelque chose d'eux, il vaut mieux agir avec fermeté qu'em-

(1) *Voyage autour du monde.*

ployer la douceur et la persuasion : car leur inso-
lence croît ou diminue en raison du plus ou moins
de politesse que l'on met dans les procédés vis-à-
vis d'eux.

Une seule ville en Chine est ouverte aux Européens : c'est le port de Canton, où les Anglais ont
des établissements de commerce. La plus grande
activité règne dans cette ville populeuse : le luxe
et l'élégance de la vie y sont portés à un haut
point. Les Européens habitent un quartier où les
marchands chinois établissent aussi de brillants
magasins. Mais la plus grande partie de la ville,
la partie vraiment chinoise, est interdite aux étrangers. Une si nombreuse population encombre tellement Canton, que ses rues multipliées ne peuvent la contenir; il faut que l'excédant des habitants
s'établisse sur l'eau. Là, de nombreuses barques,
dirigées par des femmes, croisent le fleuve ( le
Tigre ) en tous sens. Ces bateaux servent de demeures à des familles entières; les femmes passent souvent leur vie sans quitter leur maison
flottante.

La ville de Pékin ou Pé-King (cour du nord),
autrement appelée Chun-Thian-Fou (cité du premier ordre obéissant au Ciel), fut, dit-on, fondée
par Bublaï-Khan, petit fils de Gengis-Khan. Cette
ville est située dans une plaine aride, sablonneuse,
limitée à l'ouest par de hautes montagnes d'où
découlent plusieurs petites rivières. L'une d'elles
entre dans la ville, et, se divisant en plusieurs

bras, entoure le palais impérial, forme quelques lacs artificiels, et se jette dans le Pého, à peu près à vingt milles de Pékin. La ville est divisée en deux parties par un mur élevé. Le quartier du nord, qui forme presque un carré parfait, est appelé King-Tching, ou la Cité de la cour; celle-ci est la ville Mantchoue, et contient le palais impérial. Le quartier du sud est appelé Vai-Tching; il a la forme d'un parallélogramme. Un mur de briques enclôt chacun de ces quartiers. Ceux du King-Tching sont très-élevés et très-épais; ils forment un rempart assez large pour que des cavaliers puissent le parcourir. Au-dessus des hautes portes de la ville de Mantchoux apparaissent de hautes tours de neuf étages. Les rues de Pékin sont larges et bien entretenues; elles ne sont pas pavées. Les maisons sont très-basses, et n'ont souvent qu'un étage; les briques servent à les construire. Des boutiques brillantes et garnies de marchandises variées donnent aux rues une belle apparence. Les monuments les plus remarquables de Pékin sont les temples; de beaux escaliers de marbre blanc, des colonnes élégantes, ornent ces édifices spacieux. Douze faubourgs s'étendent aux portes de Pékin : la population de la ville et des faubourgs s'élève à deux millions d'âmes.

La magnificence du palais impérial ne consiste pas tant dans l'élégance imposante de son architecture, que dans la multitude de ses bâtiments, de ses cours, de ses jardins. Les murs du palais

renferment une petite ville habitée par les grands
officiers de la cour, et par une grande quantité
d'ouvriers, tous au service de l'empereur. La façade du palais est embellie par des peintures, des
dorures, des ornements vernissés. L'intérieur est
garni des choses les plus rares de la Chine, de
l'Inde et de l'Europe. Les jardins du palais forment un vaste parc dans lequel, à des distances
convenables, s'élèvent des montagnes de vingt
ou soixante pieds de haut, séparées par de petites
vallées qui sont arrosées par des canaux ; ces eaux
se réunissent et forment des lacs et de larges
étangs, où naviguent de magnifiques barques, et
dont les bords sont ornés de constructions mer-
veilleuses. Chaque vallée contient une maison
d'été ou villa, assez spacieuse pour loger un noble
Européen et tous ses gens. Le cèdre qui sert à
bâtir ces maisons est amené de quatorze cents
milles. Au milieu d'un lac qui a environ une demi-
lieue de large s'élèvent des rochers, servant de
base à un superbe palais, contenant plus de cent
appartements. Les montagnes et les collines sont
couvertes d'arbres et de belles plantes odorifé-
rantes; les canaux sont bordés de rochers. Sur le
sommet des hauteurs, de grands arbres entourent des pavillons et des kiosques consacrés à la
retraite.

FIN DU SECOND ET DERNIER VOLUME.

# TABLE DES MATIÈRES

## CONTENUES DANS LE SECOND VOLUME.

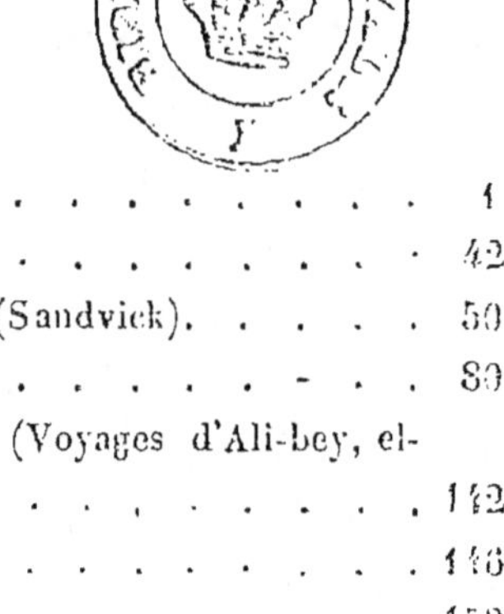




Imp. de DELACOUR et MARCHAND FRÈRES, rue de Sèvres, 35, à Vaugirard.
Dépôt à Paris, rue Saint-Jacques, 58.

www.ingramcontent.com/pod-product-compliance
Lightning Source LLC
LaVergne TN
LVHW050403060726
842524LV00002B/455